健康ライブラリー　イラスト版

発達障害がある子どもを育てる本 中学生編

杉並区立済美教育
センター指導教授　月森久江［監修］

講談社

まえがき

子どもたちは中学生になると、英語や数学など、いままでよりも難解な教科を新たに学ぶことになります。発達障害がある子どもは、情報処理が苦手なため、学習内容が増えることで大きな負担を感じます。

また、思春期を迎えるこの時期、子どもたちは、アイデンティティ（自我）を確立すべく、さまざまな葛藤を経験します。同性の仲間どうしで秘密を共有し結束が固くなるなど、友だち関係も複雑化します。

発達障害がある子どもの場合、友だちづきあいのスキルが未熟なため、円滑な交遊関係を保つことがむずかしくなります。

学習面と人づきあいの二つの面は、発達障害がある子どもたちが、中学生の時期につまずきやすい、大きな壁といえるでしょう。

しかし、中学生の時期は、子どもたちが大人に向けて成長する時期でもあります。身体面のみならず、精神的にも社会的にも、成熟しはじめます。つまり、大人になるための重要な変化がはじまる、すばらしい時期なのです。

本書では、勉強や人づきあいのつまずきに対する支援方法はもちろん、子どもたちがどうしてつまずいてしまうのか、という背景を見極めることにも重きを置いて解説しています。

また、中学校卒業後の進学先の選択についてや、就労をみすえたスキル向上についても紹介しています。

思春期の子どもたちと向きあうことは、とてもむずかしく不安になることも多いでしょう。しかし、その反面、日々成長する姿に触れあえる貴重な経験でもあります。本書が、この時期の子育てに苦心する保護者や教師の、一助となれば幸いです。

杉並区立済美教育センター指導教授
月森 久江

発達障害がある子どもを育てる本
中学生編

もくじ

まえがき …… 1
【知ってほしい】支援のためには発達障害全般の理解を …… 6

1 中学生のころはアイデンティティに悩む …… 9
【ケース】友人とのかかわり方がわからず孤立するCくん …… 10
【ケース】教室になじめず、登校をしぶるDくん …… 12
【ケース】ひきこもって夜型生活になったEさん …… 14
【思春期】心身に大きな変化が起こる時期 …… 16
【思春期】他人と違う対応を受け入れられない …… 18
【アスペルガー症候群】周囲と自分の違いに気づきはじめる …… 20

【AD/HD】ひんぱんに叱られ続けて自信を失う……22
【LD】答えがわかっていても、正確に書くことができない……24
【二次的な問題】子どもを取り巻く環境が引き起こす……26
【コラム】成功体験を増やし、自尊感情を育てる……28

2 大人が落ち着くと子どもが落ち着く 29
【保護者の気持ち】「わが子がわからなくなってきた」という不安……30
【子どもの気持ち】親の不安は子どもにも伝わる……32
【教師の気持ち】教師にも大きな重圧がかかっている……34
【家庭内の協力】家庭内の協力で落ち着きを取り戻す……36
【対応】親は子どもの障害をどのように受け止めるのか……38
【対応】ほかのきょうだいにも配慮する……40
【対応】家庭内だけでなく、地域で子どもを支える……42
【学校との連携】教師との信頼関係で親は落ち着く……44
【対応】子どもがほっとできる場所をつくる……46
【対応】教師のクラス運営に賛同して後押しする……48
【コラム】ねぎらいの言葉が親、教師を支える……50

3 行動をみるだけでなく背景を考える …… 51

【支援の目的】将来、社会に出るためのスキルを学ぶ …… 52
【問題の背景】目にみえる問題は氷山の一角 …… 54
【問題の背景】つまずきの理由は本人にもわからない …… 56
【問題の背景】観察することで背景がみえる …… 58
【支援の基本】3つの学習スタイルが子どもを伸ばす …… 60
【コラム】将来の夢、希望の進学先が学習意欲につながる …… 62

4 勉強、人づきあいの上達が自己評価を高める …… 63

【授業】指示・課題はスモールステップにわける …… 64
【家庭学習】勉強の習慣化は親のはげましが有効 …… 66
【テスト】予定表をつくれば、計画的に勉強できる …… 68
【学校での対応】本人が落ち着く環境をつくるようにする …… 70
【いじめ】自分から相談できる人をみつける …… 72

【孤立】自分のよさに気づかせて人とかかわらせる……74
【けんか】自分をコントロールする方法を学ばせる……76
【集団行動】友だちの行動をみて、社会のルールを身につける……78
【性の問題】してよいこと、よくないことを考える……80
【コラム】休みの日の過ごし方を身につける……82

5 進路選びは自立の第一歩 83
【相談】特別支援教育で子どもの能力を引きだす……84
【相談】専門機関に子どもへの対応を相談する……86
【進路選択】子どもに幅広い選択肢を示す……88
【進路選択】進学先は、まず見学してみる……90
【進学後】進学後も継続的に支援できるようにする……92
【将来】自立体験を重ね、生活術を学ぶ……94
【将来】社会で必要な対処法を身につける……96
【コラム】就労のためのサポートも広がっている……98

知ってほしい

支援のためには発達障害全般の理解を

発達障害がある子は、周囲から「困った子」と思われがちです。しかし、困っているのは子ども本人にほかなりません。周囲の大人は、子どもがなにに困っていて、どういう方法なら乗り越えられるかを考え、支えていくことが求められます。ここでは、Aくん、Bくん2人のケースを考えてみましょう。

完璧主義で、いったん熱中しはじめると、完全なものをしあげないと気がすまない

1

興味・関心があることへのこだわりが強いAくん。課題レポートをしあげようと大量の資料と格闘しますが、なかなか満足できません。最後までしあげられず、期限に提出できませんでした。

2

Bくんは課題がだされた晩、レポートの作成に取りかかりましたが、集中力が続かず途中で別のことをはじめてしまいました。翌日の授業では当然、課題は提出できません。

難しい課題は「やらなければ」と思っても、やる気がわかず、自分で切り替えられない

広い視野で発達障害をみる

発達障害に含まれる障害は、知的障害、AD/HD、LD、自閉症、アスペルガー症候《しょうこう》群《ぐん》などに分類できます。しかし、実際には重なりあったり、並存したりすることもあり、厳密に線引きできるものではありません。

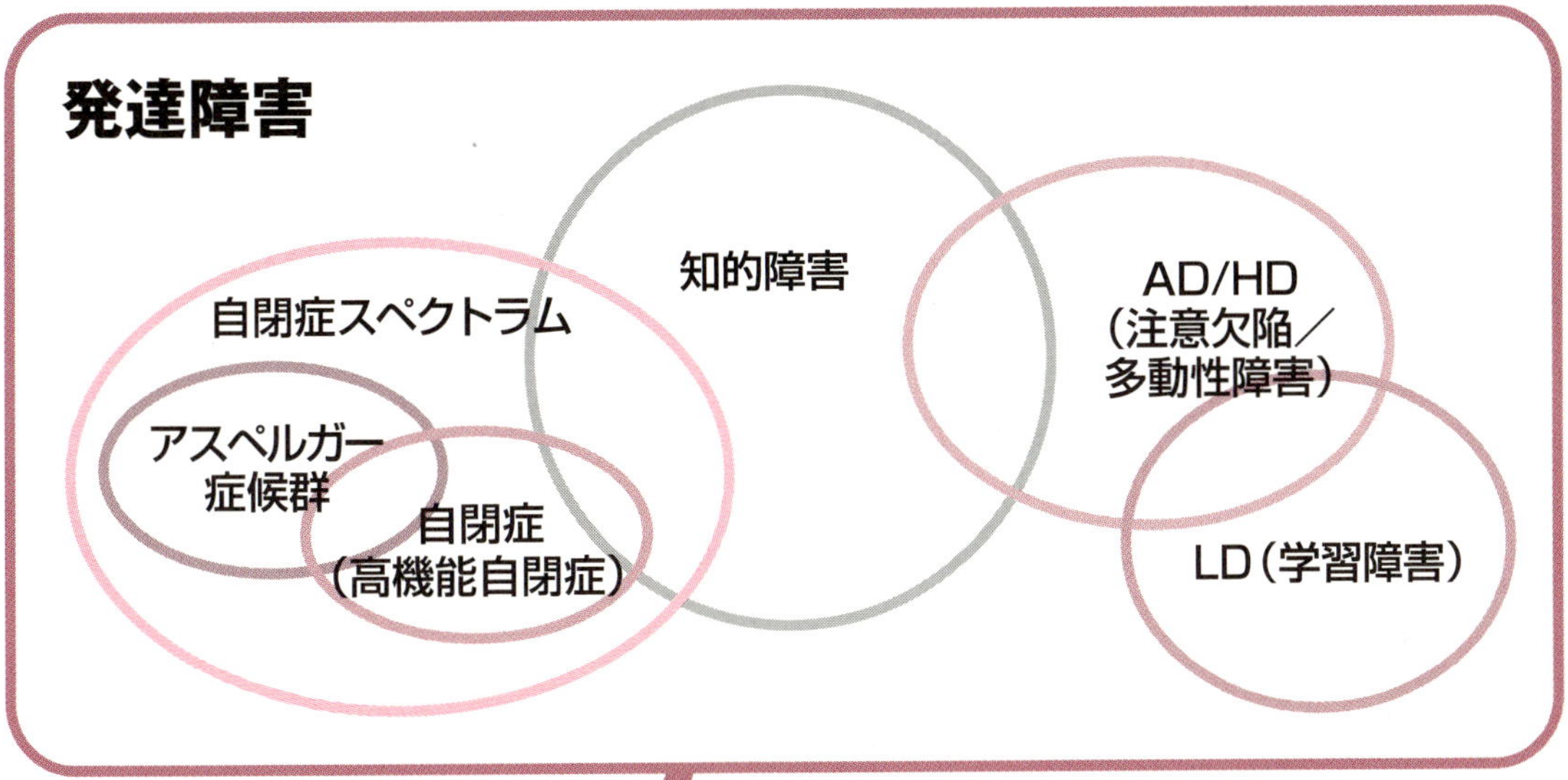

発達障害は相互に関連しあっており、ひとりの子に複数の障害が重なりあうことも多い

（『発達障害かもしれない　見た目は普通の、ちょっと変わった子』磯辺潮著（光文社）の図を改変）

支援は全般的な理解のもとで

一人ひとりの子どもを支援していくうえで大切なのは、その子にどんな特性があるかということ。診断名にとらわれず、それぞれの子がかかえる苦手な部分への適切な対応と、得意な部分を伸ばす取り組みを続けていく

発達障害についてくわしく知りたい方は、健康ライブラリー・イラスト版『自閉症のすべてがわかる本』、『アスペルガー症候群・高機能自閉症のすべてがわかる本』（ともに佐々木正美監修）、『AD/HD（注意欠陥／多動性障害）のすべてがわかる本』（市川宏伸監修）、『LD（学習障害）のすべてがわかる本』（上野一彦監修）をご覧ください

支援を通じて大人も成長する

人はみな、それぞれに特性を備えているもの。さまざまな特性がある人々によって構成される社会のなかで、人はたがいに影響しあいながら成長していきます。

3

「課題をだせない」という共通点はあっても、Aくんと Bくんで提出できない理由は異なります。それぞれの特性をふまえて、支えていく必要があります。

完璧主義でこだわりが強いという特性と、集中力が続かない、意欲が低いという特性では支援方法は変わる

4

発達障害がある子が直面するつまずきは学習面にとどまりません。社会的に要求されるスキルを学び、本人が自己評価を高められるよう全人格的（トータル）な支援を続けましょう。

友だちとのつきあい方にも支援が必要。うまくいくように見守る

保護者、教師も得られるものが大きい

つまずきがある子への支援は、「してあげる」という上下関係でおこなうものではありません。子どものひたむきさ、純粋さにふれ、障害を子どもの特性として受け止められるようになったとき、支援する側にも成長をもたらすものです。

1

中学生のころは アイデンティティに悩む

自立へと歩みはじめる中学生のころ。
子どもたちは心身に現れる大きな変化に悩みます。
発達障害があれば、なおさらとまどいは大きいもの。
さまざまな問題が生じます。

ケース

友人との
かかわり方がわからず
孤立するCくん

自分の好きな図鑑なら、長時間苦にせず読み続けた

Cくんのプロフィール

AD/HDの傾向がある中学3年生のCくんは、幼いころから、勝手に行動したり、すぐに手がでてしまう問題児だと思われてきました。通常学級に通っていますが、成績は下位。先生には「やればできるのに、やろうとしない」と思われています。

1 小さなころから、友だちらしい友だちができなかったCくん。小学校時代は、大好きな鉄道の写真を集めたり、ひとりで長時間、時刻表を眺《なが》めていました。

すぐにカッとなり、つかみあいになってしまう

2 中学生になったCくんは、思いどおりにならないことがあると、すぐにイライラしてかんしゃくを起こしてしまいます。クラスメイトは「キレやすい奴」と、敬遠しています。

3 本当は友だちがほしいCくん。かかわりを持とうとしても、相手が嫌がることをズケズケといったり、自分の趣味《しゅみ》の話ばかりするため、「空気が読めない」と避《さ》けられてしまいます。

POINT

友だちづきあいに自信を失い、孤立しがちに

友だちはほしいが、どう接すればよいかわからず、孤立する

4 気持ちが空回りしてばかり。Cくんは「どうせまた失敗してしまう」と思い、みんなの輪のなかに入っていけません。いまでは、自分から人づきあいを避けるようになっています。

ケース

教室になじめず、登校をしぶるDくん

Dくんのプロフィール

LDの傾向がある中学1年生のDくんは、クラスでもおとなしいタイプ。幼児期、言葉が遅くて両親が心配した時期があります。言葉が出るようになってからも、なかなかスムーズに話せず、自分の考えを伝えることが苦手でした。成績は全般的にふるいません。

1 Dくんは、授業や学級会で指されても、なにもいえずに、もじもじしてしまうことがたびたびありました。

POINT

自分の思いをうまく表現できず、集団にとけこめない

大勢の前では緊張してしまい、ますます意見を発表できない

2 Dくんは運動も苦手。中学生になっても走るのが遅く、ボールもうまく扱えません。Dくんのぎこちない動きを、からかうクラスメイトもいます。

体育のリレーで転倒し、笑われてしまった

制服に着替え準備はするが、学校でのことを考えると気分は重い

3 成績も低迷。とくに中学での数学の授業には、完全についていけません。学校に行っても、勉強する気力がわきません。クラスにもなじめず、いじめにあっています。

4 毎日、学校へ行くのがつらくてたまらないDくん。親にはいじめられていることを知られまいと、登校しようとします。しかし、どうしても足が向かず、欠席する日が続きます。

Eさんのプロフィール

アスペルガー症候群の傾向がある中学2年生の女の子。成績は上位ですが、友だちとまったくかかわろうとしません。学校ではいつもひとりですが、とくに苦痛を感じているようでもありません。ひとつのことにはまると、とことんのめり込み、なかなか切り替えられないことがあります。

ケース

ひきこもって夜型生活になったEさん

インターネットで知りあった知人とメールをしたり、ゲームをしている

POINT

人づきあいを避けて部屋にひきこもる

1 インターネットにはまっているEさん。毎晩パソコンの前にかじりつき、寝るのは明け方になってから。朝、母親が声をかけても起きられず、学校に遅刻する日が続いています。

2 みかねた父親が、「このままではいけない」と説得しても、Eさんは耳を貸しません。そんなEさんに父親は態度を硬化させ、Eさんもさらに反発するという悪循環《あくじゅんかん》に陥っています。

父親とは普段からあまり会話がない。注意も端《はな》から聞く気がない

心配した母親がノックしても、返事もせず、部屋にこもったまま

3 何度いい聞かせてもまったく効果はありません。むしろEさんは自室にひきこもり、パソコンに向かう時間が長くなっていきました。とうとう朝も起きてこなくなり、学校を欠席するようになりました。

4 母親が呼びかけても、返事をしないEさん。食事もいっしょにとろうとしなくなりました。自室から出るのは、家族が寝静まった夜中。完全に昼夜が逆転しています。

思春期

心身に大きな変化が起こる時期

子どもから大人へと大きな変化をとげる思春期には、だれもが悩みをかかえるもの。とりわけ発達障害がある子にとっては、さまざまな問題が現れやすい時期といえます。

すべての子どもに思春期は訪れる

中学生になるころ、子どもの心身は大きな変化にみまわれます。

思春期であるこの時期は、アイデンティティ（自己同一性）、つまり「自分はこういう人間だ」という自己認識を確立する大切な時期です。自分を強く意識するなかで、発達障害の有無にかかわらず、理想と現実のギャップに苦しんだり、イライラを募《つの》らせたりします。

また、発達障害がある子どもは、自己認識する力が弱いので、心の混乱にどう対処すべきかわからず、問題が大きくなることも、めずらしくありません。

発達成長の過渡期

思春期は、親の保護下から離れ、自立しようとする過渡期《かとき》。さまざまな問題に直面し、悩みをかかえるのは当然のことです。

思春期の移り変わり

小学校高学年

前思春期ともいわれ、自分でものごとを考えはじめる時期。自己主張も出てくる。まず、性ホルモンの分泌がはじまる。体の変化が先に現れる子も増えている

体の変化

女性らしく男性らしく

性ホルモンの分泌とともに、女の子は初潮を迎え、より女性らしい体つきへと変化。男の子は精通を経験。男性らしさが増し、性的エネルギーが高まっていく

異性を気にしはじめる

もっぱら同性どうしで遊んでいた子どもが、異性の目を意識しはじめる。プライバシーの意識も高まる

心の変化

自意識が高まる

自己を確立する過程で、自分を強く意識する。同時に、だれにも侵《おか》されたくない自分の領分を持つようになる

対人トラブルなどを起こしやすい

「自分が何者か」をつかめず、イライラしがち。自分の領分を侵すような言動をする相手と、トラブルになることも

満ちあふれるエネルギーをぶつけあう子もいれば、内的な葛《かっ》藤《とう》が高まる子もいる

中学生

ティーンエイジャーの仲間入りをする中学生のころは、思春期の真っ只中。心身に本格的な変化が生じる。自立への欲求が、激しい反抗となって現れることもある

高校生

自分というものを確立し、自立したひとりの大人へと近づいていく。経済的には親の保護が必要だが、身体面、心理面では成熟しはじめる

現代では、20歳代〜30歳代になっても自立しきれず、思春期が続く人もいる

思春期

他人と違う対応を受け入れられない

みんなと同じようにできるようになりたい。けれど、そのためにみんなとは違った扱いをされるのはイヤ——そんな葛藤が、思春期の支援をむずかしくしています。

みんなと同じがよいと望んでいる

自我を強く意識しはじめる思春期、子どもはおたがいの違いに対して敏感になっていきます。

発達障害がある子どもは、「自分はみんなと違う」と気づき、悩むようになります。また、小学校までは大きな問題なく過ごしてきた子が、この時期になって不適応を起こし、発達障害の存在が明らかになることもあります。

子どもは、特性に応じた支援を必要としています。しかし違いを個性だからと、片づけてしまうには、あまりにも課題が大きすぎます。保護者も、「ほかの子と同じがよい」と考え、支援を受けることをためらうことがあります。

支援を受ける場は整いつつある

一人ひとりの特性をふまえたきめ細かい指導ができるよう、小学校・中学校では特別支援教育が実施されています。支援が必要な子へ、さまざまな学びの場が用意されています。

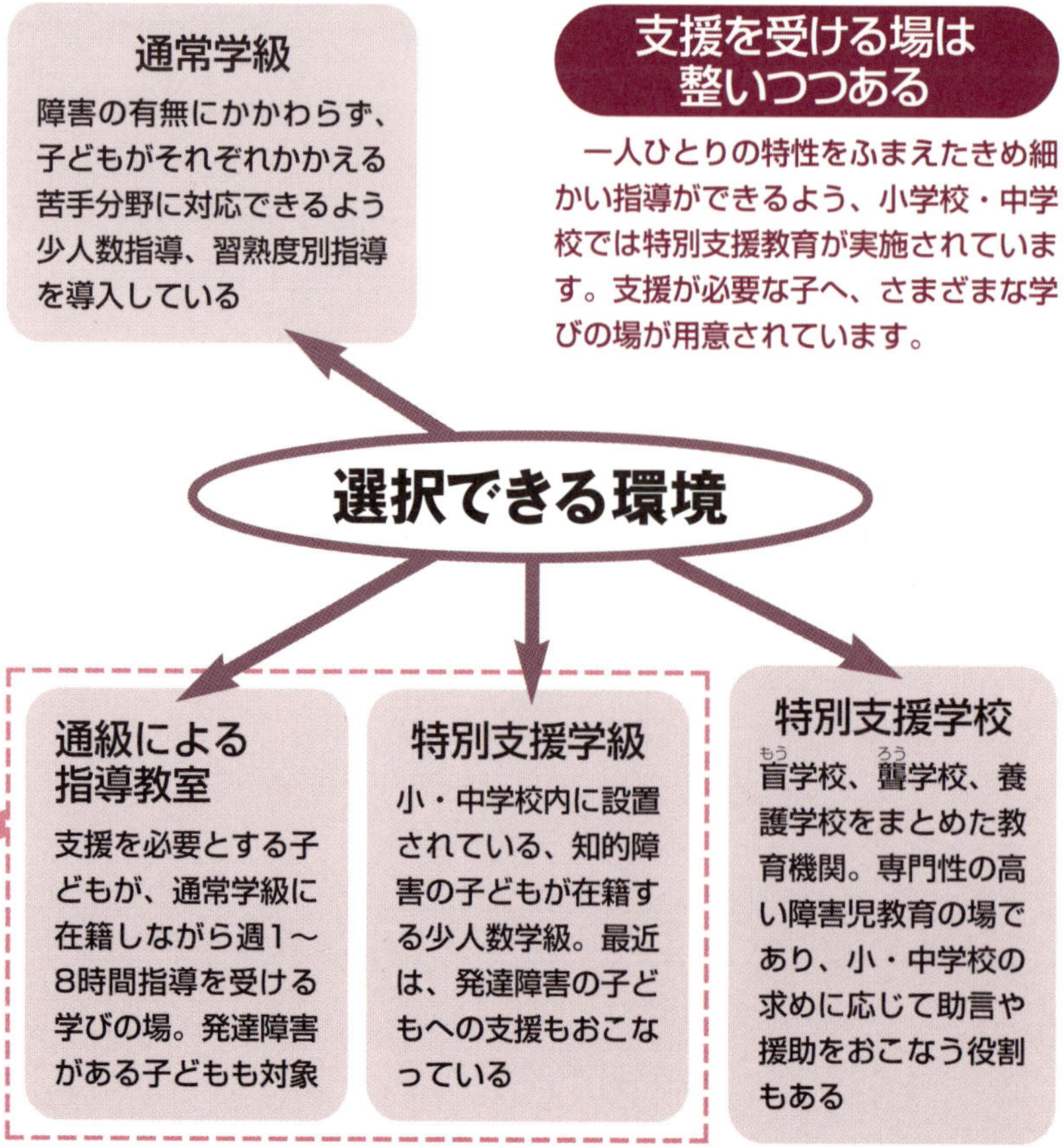

選択できる環境
通常学級
障害の有無にかかわらず、子どもがそれぞれかかえる苦手分野に対応できるよう少人数指導、習熟度別指導を導入している
通級による指導教室
支援を必要とする子どもが、通常学級に在籍しながら週1～8時間指導を受ける学びの場。発達障害がある子どもも対象
特別支援学級
小・中学校内に設置されている、知的障害の子どもが在籍する少人数学級。最近は、発達障害の子どもへの支援もおこなっている
特別支援学校
盲《もう》学校、聾《ろう》学校、養護学校をまとめた教育機関。専門性の高い障害児教育の場であり、小・中学校の求めに応じて助言や援助をおこなう役割もある

苦手科目に取り組む覚悟や、教室を抜けることに対する、不安を感じる

スムーズに支援を受けられるかは別問題

「みんなと同じでありたい」という思いが、支援を受けたいけれど、みんなと違うことで、なにをいわれるか不安、という葛藤をもたらします。

苦手なことに取り組むのは簡単なことではなく、相当なエネルギーを必要とする。新たな学びの場に対する不安もある

葛藤

なにか いわれないか気になる

在籍している通常学級を、一時的にでも出なければならない。そのため、友だちになにをいわれるか気になり、特別な支援の場に行くのが不安になる

だけど、支援は受けたい

勉強がわかるようになりたいという思いはある。自分はみんなとどこか違うと感じ、助けてほしいという気持ちもある

親が子どもの状態を受け入れにくく、通常学級のみで学ばせたいと考える傾向もみられる

アスペルガー症候群

周囲と自分の違いに気づきはじめる

アスペルガー症候群の子は多くの場合、通常学級に在籍しています。しかし、中学生になるころには自分と周囲との違いを認識し、不安を感じることがあります。

人とのかかわりが苦手

アスペルガー症候群の子は、多くの場合、学習面では問題がなく、言語的な表現力も身につきます。けれど、人とのかかわりが苦手という点があります。

アスペルガー症候群とは

自閉症と同様、コミュニケーション能力や知覚、認知にかたよりがある。しかし、知的能力（IQ）が高く、言語能力に関する遅れはみられない

3つの特徴

1 社会性の問題

集団のなかの暗黙《あんもく》のルールや社会常識に気づかない。説明されても、理解しにくい

2 コミュニケーションの問題

人と適度にかかわることが苦手。言葉の理解が表面的で、発言の真意をつかめない

3 想像力の問題

ものごとの流れを把握《はあく》したり、これからどうなっていくか、想像したりすることが苦手

こだわりが強く、爬《は》虫類《ちゅうるい》が好きなど、独特の趣味に没頭することがある

同年代の友だちが使わないような、むずかしい言葉を使って話すことがある

複雑な言語表現を身につけて使いこなすものの、冗談、皮肉など、微妙なニュアンスの理解は苦手

POINT

人づきあいの困難さがある

集団のルールや言葉遣《づか》い、自分なりの思考回路でものごとの流れをつかむなど、中学校生活のなかで学べることもある

違っていることに不安をいだく

通常学級に在籍しているアスペルガー症候群の子の多くは、中学生になるころには、自分だけが周囲と話がかみあわないことに疑問を持ち、自分が違っていることを意識しはじめます。

人とのかかわりが苦手な子どもは、孤立を好んでいるようにみえます。けれど、多くの場合、あえてひとりでいたいわけではありません。

多くの人のなかにいることで、ストレスを感じたり、息苦しさを感じてしまうからなのです。

AD/HD

ひんぱんに叱られ続けて自信を失う

AD／HD（注意欠陥／多動性障害）の子が大きくなると、障害の特性そのものより、劣等感や自己否定的な感情が生みだす二次的な問題が、より深刻になっていきます。

AD/HDとは

行動面での障害といわれる。年齢相応の行動が身につきにくく、集団での不適応行動が目立つ。3つの特徴を持つが、どの面が強く現れるかは人によっても年齢によっても異なる

多くの特性は改善する

AD/HDの子が持つ特性は、年齢を重ねるとともに改善していくことが多いもの。とはいえ、その特性がすべて改善するわけではなく、二次的な問題に苦しむこともあります。

1 不注意

気が散りやすく、特定のことに注意力、集中力を向けることや持続することがむずかしい。忘れものが多い、人の話をしっかり聞いていられないといった特性が目立つ

2 多動性

目に映るもの、耳に入る物音など、外からの刺激に過敏に反応してしまう。授業中も、たえず体が動いてしまう、おしゃべりが止まらないなど、落ち着きがない

3 衝動性《しょうどうせい》

順番が守れない、思ったことをすぐ口にしてしまう、思いどおりにいかないとすぐ怒るなど、結果を考えないまま、衝動的な行動に出てしまう

体育の授業で、やりたくないので列に並ばずさぼってしまう。特性がまねく行動が叱責の対象になる

わかっていてもできず、失敗ばかり。学習意欲も低下していく

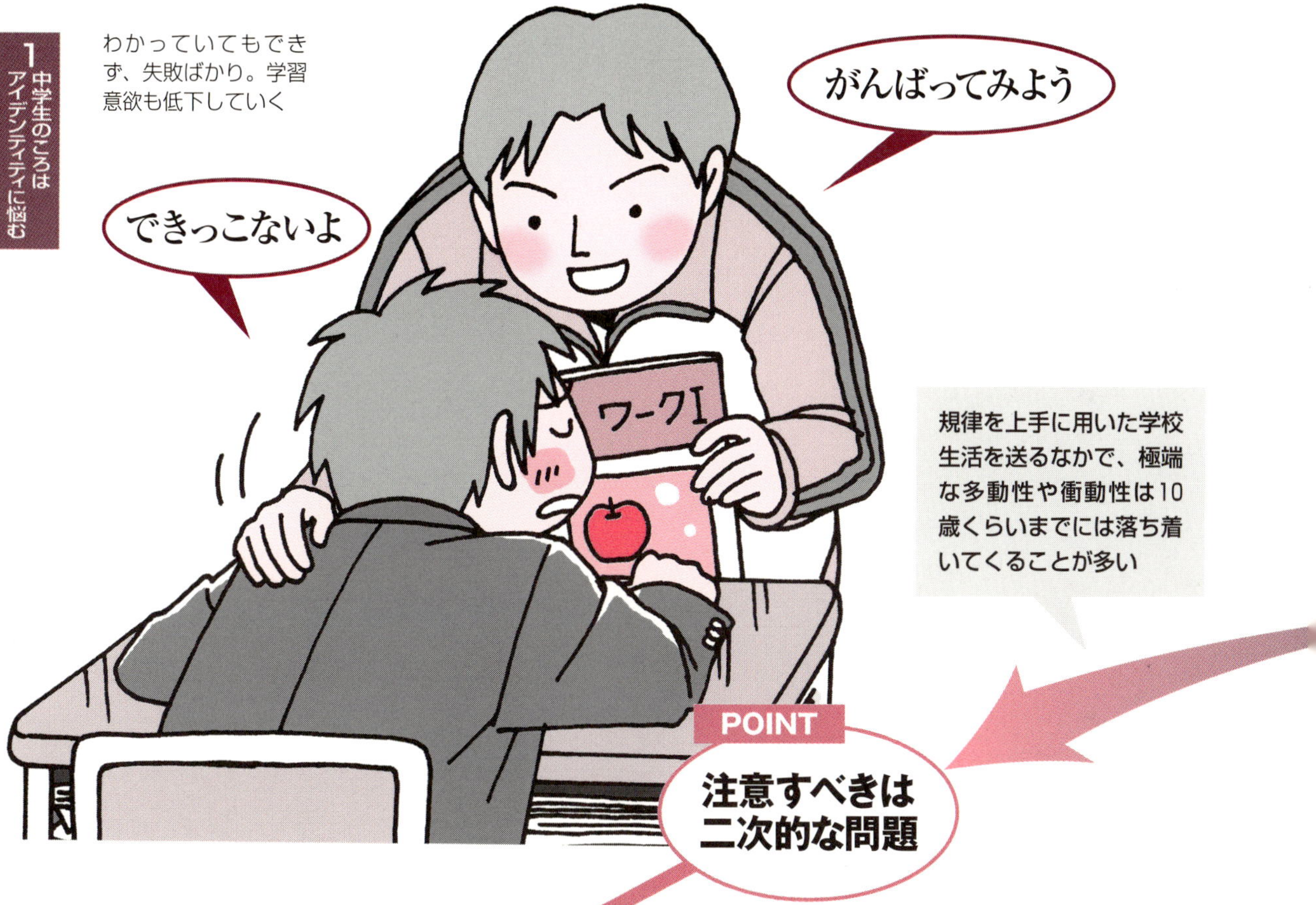
がんばってみよう
できっこないよ
ワークI
規律を上手に用いた学校生活を送るなかで、極端な多動性や衝動性は10歳くらいまでには落ち着いてくることが多い
POINT
注意すべきは二次的な問題

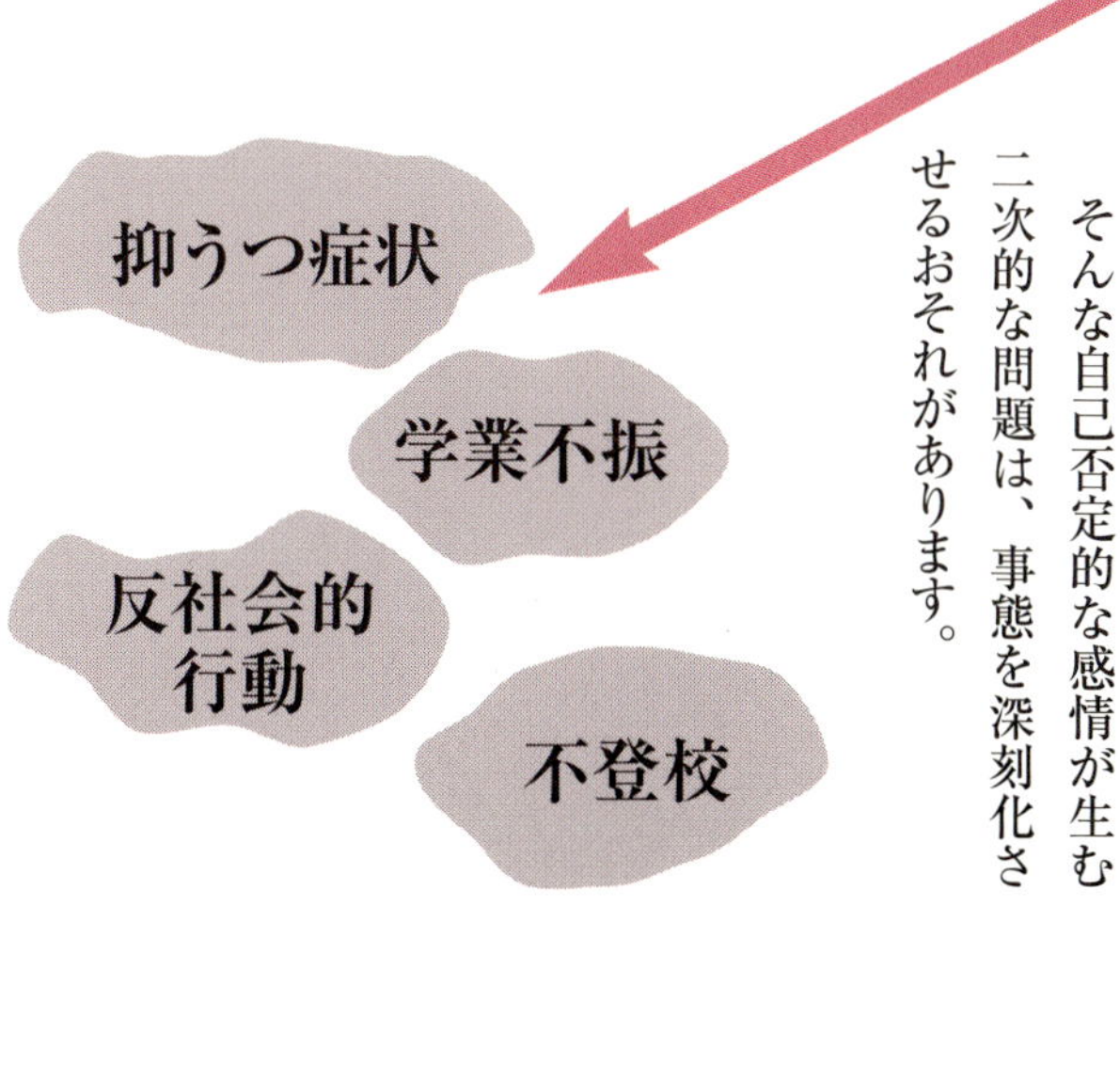
抑うつ症状
学業不振
反社会的行動
不登校

みんなと同じようにできない

幼いころからその行動を非難され、叱られる経験が格段に多いのが、ＡＤ／ＨＤの子どもたちです。

中学生にもなれば、特性の多くは改善されますが、周囲が期待するレベルは高くなり、行動への責任も要求されるようにもなります。叱られる機会がいっそう増え、みんなと同じようにはできない自分に劣等感を強めてしまうことも。

そんな自己否定的な感情が生む二次的な問題は、事態を深刻化させるおそれがあります。

LD

答えがわかっていても、正確に書くことができない

LD（学習障害）の子がかかえている学びにくさは一人ひとり違います。苦手な部分をカバーする手立てが不十分なまま、やる気を失わせるような事態は避けなければなりません。

LDとは

全般的な知的発達に遅れはないが、読む・書く・計算するなど、学習に必要な基本的な脳の機能の一部が極端に働かない。学習面で大きくつまずいてしまう状態

学習面で特性が目立つ

LDの特性は、十分な教育的支援をおこなえば問題を乗り越えられることが多いものです。一方、適切な対応がないと、「学びたい」意欲そのものが失われることもあります。

読めない

文字や行を飛ばしたり、漢字を間違って読んだりする。また英語のつづりがうまく読めない。話の流れや内容を読み取ることも苦手

書けない

字の形や大きさをそろえられない。漢字の細かい部分を間違ったり、促音《そくおん》や拗音《ようおん》（「っ」「ゃ」など）を正しく使えなかったりする

計算できない

単純な足し算や引き算でも、暗算はむずかしい。くり上がり、くり下がりがあると筆算しないと間違えてしまう

聞き取りにくい

言葉による指示を理解することが苦手。話の流れについていくことがむずかしく、重要な語句の聞きもらしがある

話し下手

話そうとしても適切な言葉が出ず、詰まってしまう。ほかの人にわかるように、順序立てて話すことができない

推論が苦手

事実やわかっていることから結論を導いたり、自分なりに仮説を立てたりすることが苦手。表やグラフの意味を理解するのも困難

計算力があっても、文章を読むことが苦手なため、数学の文章題が解けない

漢字の書き間違いなど単純ミスが多く、テストの点数が伸びない

POINT

勉強しても成績が上がらない

問題の内容を理解し、解くことができるようになっても、正しく書けなかったり、計算に時間がかかってしまったりする

勉強ができず嫌気がさす

ＬＤの場合、学習全般でつまずいていても、それぞれがかかえる苦手な面をカバーするよう適切に対応していけば、得意な教科を伸ばすことはできます。

しかし、テストに求められる書く能力の正確さ、計算の速さなどに問題がある場合、成績はなかなか上がりません。いくら勉強しても結果が出ないと、しだいにやる気を失ってしまうこともあります。

学力をはかる際も、苦手を考慮《こうりょ》した評価方法を取り入れるようにすることが望まれます。

勉強のレベルは急に上げない

適切な対応で問題をカバーできても苦手なものは苦手。「やればできる」と、どんどんレベルを上げていくと、LDの子はついていけません。

自信を失わせる結果になることもあるので注意しましょう。

二次的な問題

子どもを取り巻く環境が引き起こす

発達障害の子がかかえやすい思春期のトラブルは、特性そのもののというより、不適切な対応がもたらす二次的なもの。問題は子どもを取り巻く環境にあるのです。

元にある特性は共通だが、表面化する問題の現れ方はさまざま

おもな特性

自閉症、AD/HD、LD それぞれの障害の特性として、苦手なことがある

対人面の問題

人づきあいでトラブルをかかえやすく、コミュニケーションがうまくとれないため、友だちとの親密な関係を結びにくい

適切な対応がとられないままだと、自尊心を低下させるような経験が重なっていく

思春期の問題

発達障害の有無にかかわらず、自分というものを見出していく過程で、さまざまな葛藤が生まれる時期的な問題もある

子どもが悲観的になっている

発達障害の子は、がんばっても失敗続きで思うようにできない自分にいらだち、「自分はなにをやってもダメ」と、悲観的になっている場合が少なくありません。

「どうせうまくいかない」とあきらめ、人づきあいを避け家で過ごすことが多くなる

イライラして、ものを投げるなど乱暴な言動に出ることも

起こりやすい障害や問題

- 対人恐怖症（社会不安障害）
- チック
- 抑うつ状態、気分障害
- 強迫性障害
- 昼夜逆転
- 不登校

学習面の問題

苦手な部分がカバーされないままだと、学習面でつまずきが生じる

二次的な問題

もともとの特性から生じる問題ではなく、障害の特性を考慮しない環境や、適切な対応がとられないために派生《はせい》してくる新たな問題

ほめられない、評価されない環境がまねく

発達障害がある子は、ほめられたり、評価されることが少なくなりがちです。周囲が「できてあたりまえ」と考えて期待することも、スムーズにはできないからです。

がんばってもうまくいかず、評価されない状態が続くと、自信をなくし、自尊心が低下していきます。それが、さまざまな問題や症状を派生させることにつながるのです。

COLUMN

成功体験を増やし、自尊感情を育てる

落ち込み、自信を失っている

意欲があってもうまくいかない、どうすればよいかわからないのが、発達障害の子どもたちです。結果だけみれば、失敗の連続ということもあります。

そんなとき、「何度いったらわかるの？」「また失敗？」と反応することは、子どもの自信を失わせ、「なにをやってもダメ」と、自己否定感を強めてしまいます。

自信を回復させる支援を

自己肯定感を高める、つまり自尊感情を育てるには、「自分にもできる」という自信をつけさせることが重要です。

たびたび起こる失敗のなかで、ささいなことであっても、「うまくいった！」という達成感を体験することが子どもには必要なのです。できたことを、しっかりほめることがなにより大切です。

いままでできなかった数学の方程式が解けたら、すかさずほめる

2

大人が落ち着くと子どもが落ち着く

子どもは、よく大人をみているものです。
大人が焦《あせ》りや不安から落ち着きを失えば、
子どもは、その影響を受けやすくなってしまいます。
その逆もまたしかりです。

保護者の気持ち

「わが子がわからなくなってきた」という不安

子どもの成長や変化を見守る親の心には、不安や焦りがつねにあるもの。子どもの考えがみえにくくなる思春期には、いっそう不安が募りがちです。

成長の見当がつかない

周囲とくらべるとわが子の「できなさ」が目につく中学生のころ。接し方がむずかしくなる年ごろでもあり、不安を募らせる親が少なくありません。

喜び

子どもが大きく育っていくのは純粋にうれしい。かたよりがあるわが子が、ゆっくり少しずつでもできることを増やし、変化してきたと感じるときは喜びもひとしお

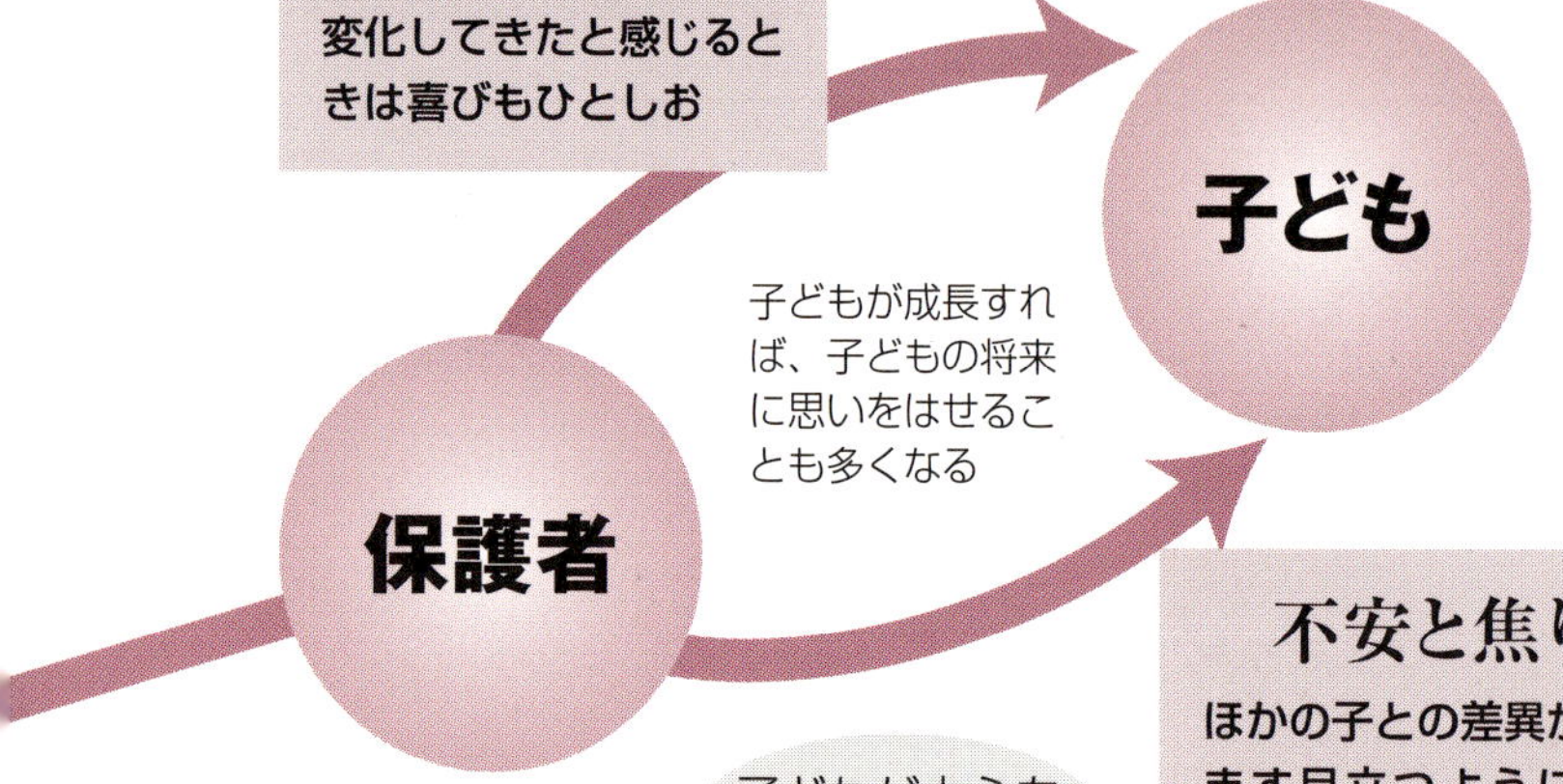
子ども
子どもが成長すれば、子どもの将来に思いをはせることも多くなる
保護者

不安と焦り

ほかの子との差異がますます目立つように感じる。あれもできない、これもできない、どうしていつまでも同じなのかと焦り、将来や卒業後の進路先を含めて不安になる

子どもが本心をいわなくなった
なにを考えているのかわからない
どのように接してよいのかわからない
親としてどうしたいのかわからない
今日、学校はどうだった?
………

以前であれば話してくれた学校のことも、話さなくなった

親はつねに不安を感じている

発達にかたよりがある子を育てる親は、わが子の成長を喜ばしく思う気持ちだけでなく、複雑な思いもいだくものです。

子どもが成長するにつれ、将来への不安は切実なものになります。小学校、中学校までは支援を受けられても、その先の道が思い描けないと悩む人もいます。

思春期には、子どもは親と距離をおきたがるもの。子どもの行動や考えが把握しにくくなることも、親の不安を強める一因になります。

保護者会に出席しづらくなり、出席してもひとりうつむいてしまう

どうみられているか、という不安

子どもが周囲から批判的にみられていないか、という不安にさいなまれることもあります。

不安

ほかの保護者への不安

自分の子がどうみられているか、迷惑に思われないか、嫌われないかという不安が強く、肩身の狭い思いをしている

家族・親戚への不安

育て方、子どもへの接し方に問題があると、家族や親戚から責められないか、口にださなくてもそう思われているのではないかとビクビクする

学校への不安

子どものつまずきに適切に対応してもらえるか、厄介者扱いされないか、子どもの特性を理解してもらえるのか、と感じる

子どもの気持ち

親の不安は子どもにも伝わる

思春期は、学習面や対人関係のトラブルなど、二次的なものと考えられる問題が起こりやすい時期。そんなときこそ、親は落ち着いて対応しましょう。

子どもの安心は親から

子どもにとって親は特別な存在です。親の姿をまね、親の心の揺れを敏感にキャッチします。子どもを落ち着かせるなら、まず親自身が取り乱さないことです。

両親の行動

問題が生じたときにこそ、おたがいに責任をなすりつけたり、力づくで主張をとおそうとせず、両親が話しあいながら解決したい

子どもはみている

両親の言い争いや態度が冷たくなる姿を、子どもはみている。ましてや暴力をふるったり、暴言で解決をはかることは子どもに悪影響をあたえる

親のふるまいが子どもに影響する

幼いころからの子育てのしかたが、子どもに影響をあたえる。両親が、よきモデルとなって、生活態度の手本を示すことで、子どもは力を得ていく

両親がけんかしていたのは、自分が原因なのだろうか、と思い悩む

長期的な視点を持つ

発達障害がある子どもが、思春期にさまざまなトラブルをかかえこむことは、よくあることです。

学習面や対人関係のトラブルなどは、解決を急ぐと、かえってこじれがちです。時間がかかっても、

子どもが落ち着いて自分の気持ちに整理をつけるのを待ちましょう。そうすれば、やがて次のステップに歩みだすことができます。

親は目先のことに右往左往せず、長期的な目線で、どっしりとかまえてください。

ただし、暴力や規則違反など、明らかによくない行動についてはきちんと叱り、常習化させないようにしなくてはなりません。

親が毅然《きぜん》とふるまえれば「またボクのせいで困らせている」と、子どもが自分を責めずにすむ

○ **親が堂々とかまえていると子どもは安心する**

× **親が動揺して子どもを焦らせる**

プレッシャーを感じて、子どもは落ち着くことができない。問題はこじれていくばかりに

家庭は子どもがいちばん安心できる場所

子どもが成長し、親に反抗的な態度をとったり、あまり口をきかなくなったりしても、家庭が子どもたちのよりどころであることに変わりはありません。

問題をかかえて悩む子どもに必要なのは、「なにがあっても、ここに帰ってくれば安心」と思えるシェルターです。家庭がその役割をになうことで、子どもたちは気持ちの立て直しをはかることができるのです。

教師の気持ち

教師にも大きな重圧がかかっている

子どもの問題は、学校生活で表面化することが多いだけに、その対応には教師への期待も大きいもの。各方面からさまざまな要求がよせられ、大きな重圧となっています。

教師も理解を求めている

教師はひとりで大勢の子どもたちの教育にあたっています。日々の業務量は膨《ぼう》大《だい》です。そのような状況で、多くの教師は発達障害がある子どもの支援に取り組んでいるという現実があります。

教師と保護者の信頼関係が築けないと、面談もうまくいかない

教師も日々、努力している

何人もの生徒を担当しながら、気がかりな点のある子どもの支援にあたっている。問題を乗り越えるためにどうすればよいか頭を悩ませ、創《そう》意《い》工《く》夫《ふう》を重ねている。そうして根気よく生徒を説得しても、行動が改善しないことも

家庭からのプレッシャー

「特性にあわせた支援をしてほしい」「子どもの日ごろの様子をくわしく知りたい」といった要望や、「子どもの問題でなく、教え方や指導力の問題」という意見がよせられることもある

「クラスの問題は担任の仕事」などといわれ、校長や教頭など管理職の協力が得られない

学校からのプレッシャー

「他校に負けないように学力をアップさせる」「英語力を身につけさせよう」など、学校としての目標がある。目標を達成するために、各教師の努力が求められる。ほかの先生もそれぞれ問題をかかえているため、協力をお願いすることができず、若い教師が悩むことが多い

担任としての責任感、使命感

「自分が担当する生徒だから、教師として自分ができるかぎりのことをしなければならない」など、担任としての責任感や使命感を持っている

孤軍奮闘している場合も

学校全体として子どもを支える態勢がなく、校内に発達障害について十分な理解がある協力者もいない。担任がひとりで取り組むしかないこともある

POINT **教師の苦労も理解する**

家庭内の協力

家庭内の協力で落ち着きを取り戻す

子どものことは母親にまかせきりという家庭が少なくありません。そのために母親が思いつめてしまうことも。家族全体の協力が必要です。

母親が食事の用意をしているときは、父親が勉強をみるなど役割分担する

父親の協力が不可欠

子どもと過ごす時間は、父親より母親のほうが圧倒的に長いでしょう。しかし、子どもが落ち着いて過ごすには、両親がおたがいに協力しあうことが必要です。

父親は母親のフォローを

子どもに気がかりなことが多いと、母親はつねに気が張りつめた状態になりがち。母親がリラックスできる時間をつくる

対応例

家庭内協力の例

- 休日は父親が子どもといっしょに出かけるようにする
- 仕事などで、どうしても子育て・家事の分担がむずかしい場合、深夜でも夫婦でゆっくり話をする時間をとり、子どもに関する情報を共有する
- おたがいをねぎらう言葉がけをする
- 家事を分担する　など

協力しあえる関係が対応の基礎になる

子どもの気がかりな点について、「なんとかしなければ」と親が焦り、思いつめることもあるでしょう。

そうしたときには、夫婦でそれ

ぞれの対応をふり返ってみましょう。不十分な点があれば、生活の見直しをはかります。子どもへの対応は、まずよい家庭環境をつくることが基礎になるのです。

風呂そうじなどの家事は家族全員でやる、と両親が教える

家庭

家庭内のルールをつくる

子どもの問題にどう対応するか両親で話しあい、ルールを決める。その際、学校での支援の方針もふまえておくとよい

ぶれない接し方を

同じことをしても、母親には怒られ、父親にはなにもいわれない。これでは、子どもが混乱してしまいます。一貫した対応を心がけましょう。

対応例

ルールには一貫性を

- 決まった時間に起きる
- 学校の準備は前日の晩にすませる
- テレビやゲームは決まった時間まで
- 分担した家事をやる
- 自分の部屋を片づける　など

あいまいな対応は子どもの混乱を深めてしまう。決めたルールは大人が率先して守る。対応が一貫することで、子どもも落ち着ける

対応

親は子どもの障害をどのように受け止めるのか

うちの子どもは本当に発達障害なの？ ——そんな疑問はだれの胸にもよぎること。子どもの障害を受け止められるようになるまでには、時間が必要です。

受容をめぐる二律背反

子どもの障害を認めてはいても、親の心のなかに「いつかは治る」と障害を否定する気持ちがあるのはめずらしいことではありません。親の心は揺れ動くのが普通です。

告知・気づき

子どものようすから親がすでに障害を疑っている場合もあれば、問題行動の解決をはかるなかで医師から障害を告知されることもある

医師から告知されて楽になることも

子どもが起こす数々の問題は育て方やしつけのせいではなく、障害ゆえのことと思えるようになり、心の負担が軽くなる親も多い

疑問と自責の念

障害があるとわかっても、「一時的に問題が起きているだけ」と障害の存在を疑う気持ちと、「親である自分に問題がある」という自責の念が錯綜《さくそう》する

障害の存在を告げられたあと、さまざまな感情が段階的にあらわれるが、やがては受け入れられるようになっていくことを示すモデル

ドローターの障害受容の段階的モデル

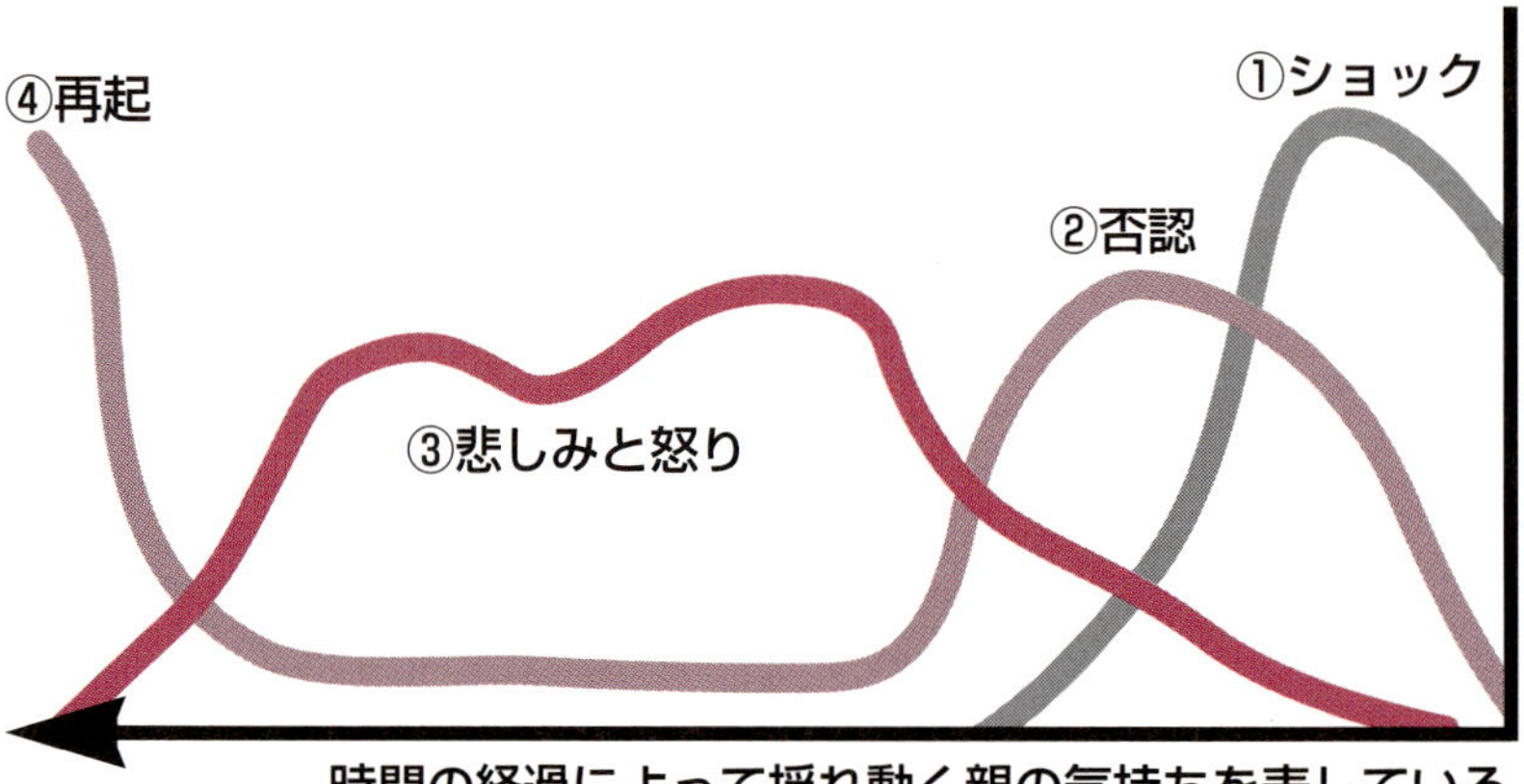

時間の経過によって揺れ動く親の気持ちを表している

（ドローターら、1975）

受け止め方は人によって違う

子どもの障害を受容できるようになるまでには、時間がかかるもの。障害を否定する気持ちがあっても、それは自然なことです。

大切なのは、子どもの行動に目を向けること。行動をみて対応を考えるうちに、やがては子どもの特性として受け入れていきます。

きちんとあいさつをするようになった、
という現実の成長に目を向ける

周囲からの肯定的なまなざし

周囲からの具体性のない一般的なアドバイスは、ときに親を追い詰めてしまう。専門家や教師は、子どものできていること、できたことを親に伝え、はげましていく。それが親にとってはなによりの支えになる

とらわれる

疑問や自責の念が薄らぐかわりに、今度は障害があることにとらわれがち。生じる問題のすべてを障害と関連づけ、なんでも「障害があるから無理」とあきらめてしまう

自信回復

子どもの日々の成長に目を向けたり、現実に起きている問題を一つひとつ解決していったりするうちに、親としての自信を取り戻していく

行動をみることが大切

障害の有無より子どもの行動をよくみることが大切。できないことばかりでなく、できていることにも目を配ることで適切な対応がみえてくる

対応

ほかのきょうだいにも配慮する

障害がある子どもには手がかかります。ほかのきょうだいへの対応は後回しになりがちですが、しっかりしているようでも子どもは子ども。目配りを忘れないでください。

よい子にみえても複雑な思いをかかえている

発達障害がある子の存在は、ほかのきょうだいに多かれ少なかれ影響を与えます。

親が、発達障害があるきょうだいへの対応に追われている状況は、よく理解しています。甘えたくても、親の負担を増やすまいとがまんしたり、よい子を演じようとすることもあります。

彼らには、障害があるきょうだいをどう感じ、なにを思っているか、話せる人の存在が必要です。

親にはその余裕がないこともあります。事情を知る学校の先生に配慮《はいりょ》をお願いしたり、同じような立場の子に出会える場を用意することも考えてください。

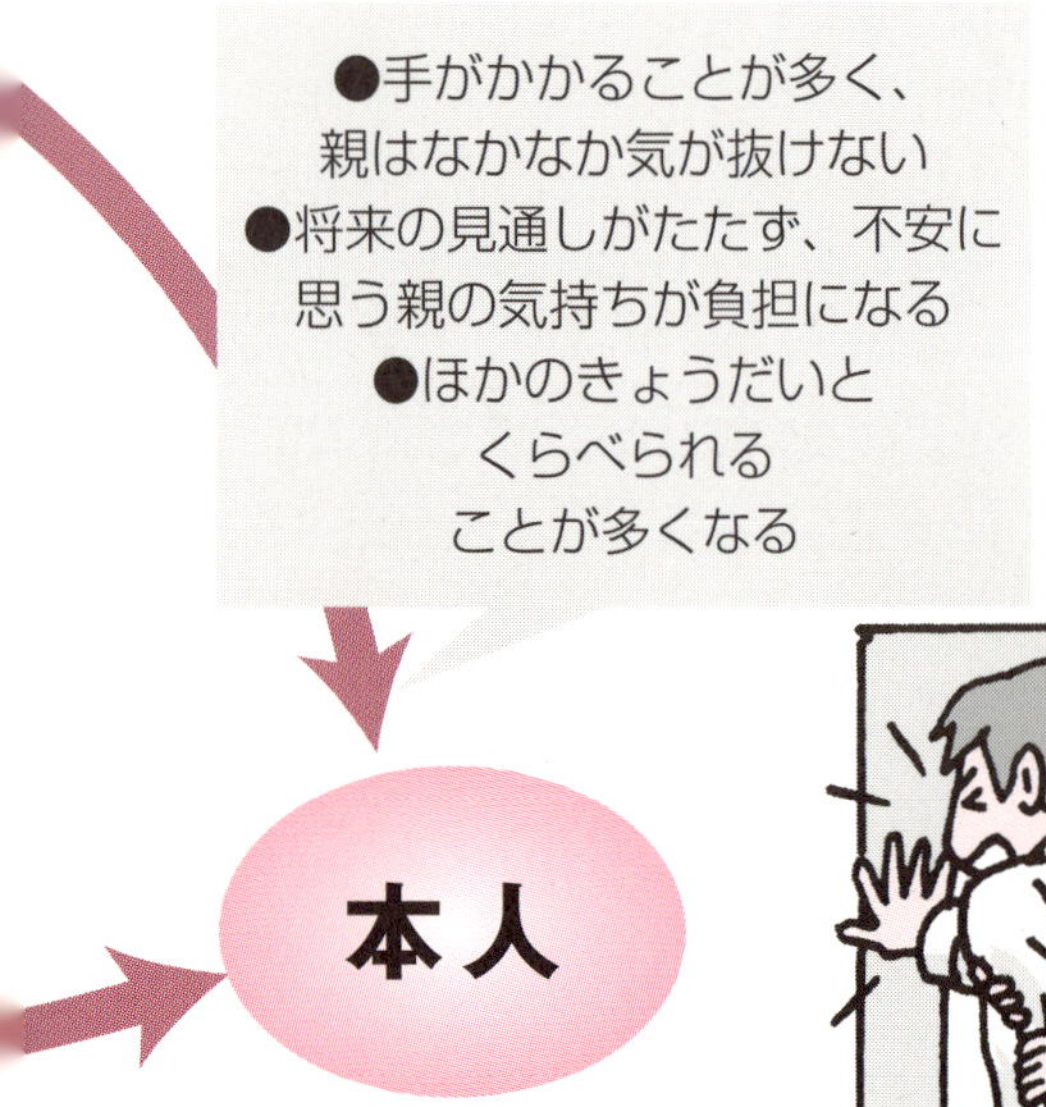

●手がかかることが多く、親はなかなか気が抜けない
●将来の見通しがたたず、不安に思う親の気持ちが負担になる
●ほかのきょうだいとくらべられることが多くなる
本人

それぞれの負担を放っておかない

発達障害がある子の家庭では、親も子も強い負担を感じがちです。それぞれがかかえる負担を減らし、家庭内の関係を安定させていくことを考えましょう。

長年、障害があるきょうだいと生活していると、親の負担を察し炊事など家事を率先してやる

ほかのきょうだいも部活に夢中になるなど、自分のための時間を使えるようにする

対応例

家庭内のバランスをとる

●障害がある子とほかのきょうだいを比較しない
●家族どうしが、学校のことや社会的なできごと、きょうだいのことなど、なんでも話しあうように心がける
●障害について、ほかのだれより理解している人間として、きょうだいを仲よく育てる
●親自身も、自分の人生を楽しむことに積極的になってよい　など

保護者

●障害がある子の分までがんばってほしいと、親が過剰な期待をかける
●親に余裕がなく、「自分には関心がない」「自分は甘えられない」と感じる
●対応に追われる親を助けるために、負担が増えることもある

ほかのきょうだい

●きょうだいの障害について、友だちに知られたくないと思う
●障害があるきょうだいの世話を負担に感じる
●障害があるきょうだいに対して拒否感をいだいてしまうことも

対応例

ときには不満やグチをこぼせるようにする

●自分自身が楽しめる居場所をつくる
●同じ立場にいる子どもどうしが集えるセルフ・ヘルプグループに参加する。悩みを話したり、情報を交換したり、ともに楽しい時間を過ごしたりする
●「話しても無駄」とあきらめず、自分の感情を素直に表現してみる　など

対応

家庭内だけでなく、地域で子どもを支える

子どもの生活の場は、家庭内にとどまりません。子どもが生きていく場となる地域社会全体で、その成長を支えていくことが求められています。

家庭内だけで すべてはできない

子どもは、家庭のなかだけで育ち、生きていくわけではない。教育の場、交流の場、就労の場などを必要としている

家族が地域で 孤立することも

障害がもたらす行動パターンや子どもの特性に対して、周囲の人にはなかなか理解してもらえないことがある。協力や応援を得にくく、親は孤立感をいだくことがある

地域内で連携する

子どもが自立できる力をつけられるよう支えるには、学校をはじめ地域にあるさまざまな機関が連携し、支援を継続していくことが望まれます。

保育所・幼稚園、学校、職場などを通じて、地域社会とかかわりあうようになる

地域社会

子どもや家族の生活の場。教育機関でのサポート体制は充実してきている。家庭や学校だけでは支えきれない問題が出てきた場合には、生活支援センターや入所施設など、地域の専門的な機関との連携も可能

特性ゆえに地域の商店に迷惑をかけてしまうことも。特性を理解してもらえるよう説明する

サポートグループは全国各地で組織されている。身がまえず、参加してみるとよい

交流会などを利用する

子どもへの支援だけでなく、子どもを支える親もまた支援を必要としています。同じような悩みを持つ親どうしがつくる親の会やサポートグループは、その一助となるでしょう。

対応例

ほかの当事者家族と出会う

親の会に参加し、共通の悩みや問題意識を持つ親と語りあうなかで、不安や心の痛みを解消。子どもの支え方について認識が深まる

地域を巻き込んで接する

教育関係者をはじめ、地域社会全体が障害への理解を深めていくことで、子どもを支える態勢がつくられていく

親の会では、親どうし、あるいは子どもをまじえての交流会のほか、障害への理解を深めるための学習会、講演会、セミナーなどが開催されている

家庭と学校だけの問題ではない

学校は、家族や本人にとって地域社会の接点となる重要な場です。しかし、子どもが生活する場は学校にとどまりません。

将来、自立した生活を営んでいくためにも、就労の場を含め、地域社会全体に、障害がある子どもをサポートする態勢が必要とされています。

親の会は教師にも貴重な情報源

子どもの自立に向けて、教育関係者が果たす役割は大きなものがあります。子どもの特性への理解を進めるために、教師も親の会が主催《しゅさい》する講演会やセミナーに参加したり、スタッフとして交流会に参加したりするとよいでしょう。

多くの当事者家族に出会うなかで、子どもに対する見方や接し方などについて、認識を深めていくことができます。

学校との連携

教師との信頼関係で親は落ち着く

教師からは「家庭の問題だ」、保護者からは「指導に問題がある」と、おたがいに不満を持ちあっている状態では、状況は改善されません。よく話しあい、協力態勢をつくっていきましょう。

協力的な関係を築いていく

学校は、子どもの行動が問題になりやすい場であるだけに、教師と保護者は協力しあえる関係を築いておきたいものです。

そのために必要なのは情報の共有です。教師にはみえない家庭でのようす、家庭ではわからない学校のようすを総合することで、子どもがどのような支援を必要としているかが明確にみえてきます。

長年、子育てに悩んできた親にとって、「先生がいっしょに子どものことを悩んでくれる、考えてくれる」という安心感と信頼感は大きな支えです。親が安定して子どもに向きあえるようになれば、子ども自身の安定にもつながります。

情報を共有する

子どものようすは家庭と学校とでは異なるものです。それぞれが持つ情報を伝えあい、子どもへの理解をともに深めていきましょう。

教師

学校での友人との関係や、学習面のようす、さまざまな場面でみられる子どもの変化や成長のようすを把握している

共　有

学校と協力すること

すでに診断がついていて、子どもの特性が明らかな場合は、問題が起きたとき、起きそうなときの具体的な対応法を検討しておく

具体的なエピソード

どのような場面で、どのような行動がみられ、どう対応したかなどと、できるだけ具体的なエピソードを伝えあう

保護者を混乱させない

担任としての苦労や不満を伝えても、保護者にとっては不安や混乱を強めるだけ。気がかりな行動については、前後の状況も含め、できるだけ具体的に伝えるようにする

「宿題をすべて提出できた」など、小さなことでも伝えて、成長や努力を認めあう

対応例

連絡の取り方

- 連絡帳を使い、学校でのできごと、家庭でのできごとを伝えあう
- 面談で直接話す機会を設ける
- 電話で情報を伝えあうのもよい
- 医療機関への受診時に教師が同行する　など

保護者

家庭での子どものようすを把握している。幼いころから現在にいたるまでの成長や変化をみているので、子どもの特性もわかっている

情　報

家庭でできること

学校生活に支障がないように、家庭でできることはなにか。家庭での学習や生活習慣などについて、心がけたいことなどを話しあう

ほめて伸ばすところ

よい変化はすぐに伝えあい、子どもに「こんなことができたんだね」と話しながらほめる機会を増やせるようにする

教師の言葉を受け入れがたいときも

わが子のできないことや問題行動を指摘されるのは、子どもの特性を十分に理解している親でも、心地よいことではありません。「友だちとのトラブルが多くて困る」などの場合、教師が「困っている」と学校側の不満を伝えるだけでは、親と教師の間の溝は深まるだけ。親が知りたいのは、学校での具体的なエピソードや対策です。ともに解決方法を探ろうという姿勢が大切です。

対応

子どもがほっとできる場所をつくる

その場の状況に適応しにくい子や、自分の気持ちのコントロールが苦手な子は、強い不安や混乱を感じやすいもの。ほっとできる居場所を確保しておきましょう。

落ち着ける場所をつくる

多くの生徒が生活する学校は、ストレスが多いもの。教室以外にも本人が落ち着ける居場所を校内につくっておくと、パニックの予防に効果的です。

家庭

子どもがいちばん落ち着ける場所。とくに自分の部屋は安心する子が多い。家のなかでも居場所がない、家族と顔をあわせたくない気持ちが強いとトラブルになりがちに

自分の部屋以外にも専用の場所をつくる

家庭のなかで、自分の部屋以外にも安心できるスペースをつくる。部屋に閉じこもりがちになるのを防ぐ

対応例

●本人の希望を聞いて、可能であればリビングの一画を家具やカーテンなどで仕切り、専用のスペースを用意する

カーテンなどで仕切られた、自分だけの場所があれば、落ち着ける

安心できる場所があることが重要

発達障害がある子は、ちょっとした刺激で不安が高まり、パニックを起こしてしまうことがあります。そんなとき、その場で落ち着かせようとしても、なかなかうまくいきません。

子どもは落ち着ける場所を求めています。安心できるところに移

動すれば、自分の心の混乱を鎮《しず》めやすくなります。

緊張が高まりやすい学校のなかに、安心できる居場所を確保することは、緊張をほぐし、ひどい混乱を未然に防ぐ効果が期待できます。また、そうした場所へ行くときは必ず許可をとってから、というルールをつくることが重要です。

図書館など、人が少ないところで混乱を鎮められるようにすれば、パニックを防げる

いざとなれば家に戻ればよいという安心感があるから、外の世界に出て行ける

学校

学習や人づきあいなど、苦手なことがあっても取り組まなければならない場所。うまくいかないことがあると、緊張感や不安感が高まりやすい

一時避難の場所を確保

心を落ち着かせるために一時的に避難する場所を決めておく。
パニックを起こしたときや起こしそうなときには、その避難場所に行けばよいことにする

対応例

●空き教室や相談室など校舎内の静かなところ、人があまりこないところなど、本人が落ち着けるという場所に行かせ、あとで迎えに行く
●保健室や通級の教室は、担任に許可を受ければいつでも行ってよいことにする　など

ホームベースの設置

校内に、安心して過ごせる場所を確保しておく。
時間を決めて訪れるのでもよいし、パニックの際の一時避難場所としてもよい

対応

教師のクラス運営に賛同して後押しする

通常学級は、気がかりな子どもも、ほかの子どももいっしょに学習する場。それぞれの違いを認めあいながら上手にかかわれるように、教師が手本を示しています。

教師の思いが温かな心をはぐくむ

支援が必要な子どもが通常学級に在籍することで、ほかの子に十分な手がかけられなくなるのではないか。そうした声が、保護者などからあがることがあります。発達障害がある子の親にとってはつらい意見です。

しかし、特別な支援を必要とする子がクラスにいることで、周囲の子の成長も促《うなが》されます。助けを必要としている子を支援していく教師の姿をとおして、周囲の子どもたちは、「一人ひとりが大切にされて

学校の対応を理解する

通常学級のなかの、支援が必要な子への対応は、ほかのクラスメイトにとってもプラスに働くように心がけておこなわれます。

必要な子にはいつでも支援を

視力の悪い子にとっての眼鏡や、背の低い子にとってのふみ台と同じように、特性ゆえにつまずく子も助けを借りてよいのだということを、クラスのみんなに理解してもらう

ほかのクラスメイトへの配慮

気がかりな子への対応が不平等と受け止められないように、「先生は、一人ひとりの個性にあわせて接しているのだ」ということを伝えていく

支援はすべての子どものために

発達障害がある子が理解しやすい指導や落ち着ける環境は、ほかの子にとってもわかりやすい指導であり、過ごしやすい環境となる

教師が個別に指導する時間は、ほかの生徒は待たされる時間ではなく、大切な学習時間だと伝える

いるのだ」と理解していきます。それぞれの違いを尊重し、相手を思いやる温かな心が自然に育まれていくのです。

気がかりな子を上手に遊びに誘うなど、クラスメイトもうまく接することができるように

クラスメイトにも接し方を学ばせる

気がかりな子に対するほめ方やはげまし方、注意のしかたなどは、教師のやり方がほかのクラスメイトの手本となる

教師の指導にも幅が出る

一人ひとりの個性にあわせ、それぞれの子のよさを引きだすには、画一的な指導というわけにはいかない。生徒一人ひとりをよくみながら工夫した指導になっていく

親として安心できる

障害がある子も周囲の子も、ともによい影響を与えあいながら成長していくようすがわかれば、親は安心。学校との信頼関係も育まれていく

周囲への相談もおこなう

担任教師は、支援方法について、各教科の担当教師や、通級による指導教室の担任、特別支援教育コーディネーターとも相談する

「特別扱いはずるい」という子には

「特別」というのは一人ひとりを大切にするということ。差別ではありません。周囲の子には、そう説明していきます。

そのうえで、「でもあの子だけずるい」という発言が出るとしたら、その子自身が、なんらかの支援を求めている気持ちの表れかもしれません。一対一で話をする機会を設け、その子の思いを聞くようにするとよいでしょう。

COLUMN

ねぎらいの言葉が親、教師を支える

先生、しっかり対応できていますね
いろいろ配慮してくれてありがとう
日々、指導に創意工夫を重ねる教師には、ねぎらいの言葉をかける

親は長年、悩み苦しんできた

発達障害がある子どもは、乳幼児期から育て方がむずかしい面があります。しつけもスムーズにいきません。どう育てればよいか苦悩してきた親が大半です。

あれこれ親にアドバイスする前に、これまでしっかりと子どもを育ててきた親の苦労をねぎらいたいものです。親が自責の念から解放されれば、前向きに子どもと向きあえるようになります。

教師も忙しいなかで努力している

対応のむずかしさに悩んでいるのは、教師も同じです。何十人もの生徒をかかえながら気がかりな子を支援していくには、相当の努力が必要です。「一人ひとりを大切に」という思いが強ければ強いほど、忙しさは増すばかりです。

校長など管理する立場にある人は、現場の教師の努力を認める姿勢を示したいもの。認められてこそ、教師もがんばれるのです。

3

行動をみるだけでなく背景を考える

子どもたちがつまずく背景は、
本当にさまざまです。
子どもの行動から背景をよく考えて、
支援をおこなっていきます。

支援の目的

将来、社会に出るためのスキルを学ぶ

発達障害がある子どもへの支援は、勉強の成績を上げることだけが目的ではありません。将来、自立して社会に出ることを視野において支援していきましょう。

将来、必要となるスキルをいま学ぶ

自立した大人として社会に出て行くために、身につけるべきことはさまざまです。学校生活をとおして、円滑な社会生活を営むうえで必要なスキルを学んでいきます。

職場体験を通じて、実際にスーパーマーケットなどの職場を体験する

社会で必要とされるスキルの例

- 人とコミュニケーションが取れる
- 手先・体を使いこなせる
- 指示にきちんと従える
- 作業に粘り強く取り組める

スキルがあれば社会に適応できる

苦手なことはあっても、就労で必要とされるスキルを身につけていれば、仕事をしたり、日常生活を送ったりするうえで、大きな支障にはならない

学ぶ方法はたくさんある

学校では、さまざまなアプローチで、人とのやりとりや社会的なルールなどを学ぶ経験が持てます。

静かにすべき場所では、はっきりと注意する

対応例

伝え方を工夫する
具体的・簡潔な伝え方を心がける。言葉を短く、はっきりとした口調で伝える。また、あいまいな表現を避ける

社会的なルールを教える
守らなければいけないこと、改めるべきことは、ていねいに説明しておく

視覚的な情報を示す
先の見通しが立てにくい子、段取りをうまく組むのが苦手な子には、スケジュール表などをつくり、目でみえるようにする（69ページ参照）

ロールプレイを使う
問題が起きやすい場面を設定し、相手の言葉に対して、どう対応すればよいか考えて演じさせる（73ページ参照）

テストの成績以上に大切なことがある

さまざまな問題があっても、テストの成績がよければ、親はとりあえず安心しがちです。

しかし、自立した生活を送るためには、社会的なスキルを身につけていることがより重要です。

学校生活を通じて、学問的知識だけでなく、社会的なスキルも学べるよう支援していきます。

「友だちがほしい」と焦らない

友だちと呼べる存在が少ない子がいます。人とのかかわりが苦手だったり、ひとりのほうが落ち着くから、という子もいます。たくさんの友だちに囲まれていなくても、人とのかかわり方は学べます。やがては自分なりの距離感で、人間関係をつくれるようになります。焦ることはありません。

問題の背景

目にみえる問題は氷山の一角

表面的な行動にだけ目を向けていては、子どもの問題行動は減らせません。なぜ問題行動が起こるのか、背景にある原因を探り、解決していく必要があります。

問題行動には必ず理由がある

急に興奮して落ち着きをなくしたり、何度いっても同じようなミスをするなど、発達障害がある子は、周囲からは理解しにくい行動をくり返しがちです。

そうした問題行動の裏には、必ず原因があります。その点を理解しておかないと、行動の改善には結びつきません。

授業中に落ち着かない子も、背景はさまざま。日ごろから行動をよくみておく

さまざまな背景があることを知る

問題視される行動が似ているからといって、行動の裏にある原因が同じとは限りません。それぞれの子がかかえるつまずきの背景をふまえ、問題行動に対応していきます。

表面に現れる問題行動

「学習に遅れがある」「落ち着きがない」「急に興奮してパニックを起こす」「対人関係のトラブルが多い」など

↓ 行動の背景になにがあるかは、よく観察すればみえてくる

背後にある問題行動の原因

たとえば「学習の遅れ」の原因は、「なにをやればよいかわからない」という場合もあれば、「集中しにくい」という場合もある。あるいは、学習に必要な読み・書き・計算などの認知機能に問題があるのかもしれない

カレンダーなどを使い、今後の予定がわかるようにする。見通しが立つことで落ち着ける

12
M T W T F S S
1 2 3 4 5
6 7 8 9 10 11 12
13 14 15 16 17 18 19
20 21 22 23 24 25 26
27 28 29 30 31
旅行

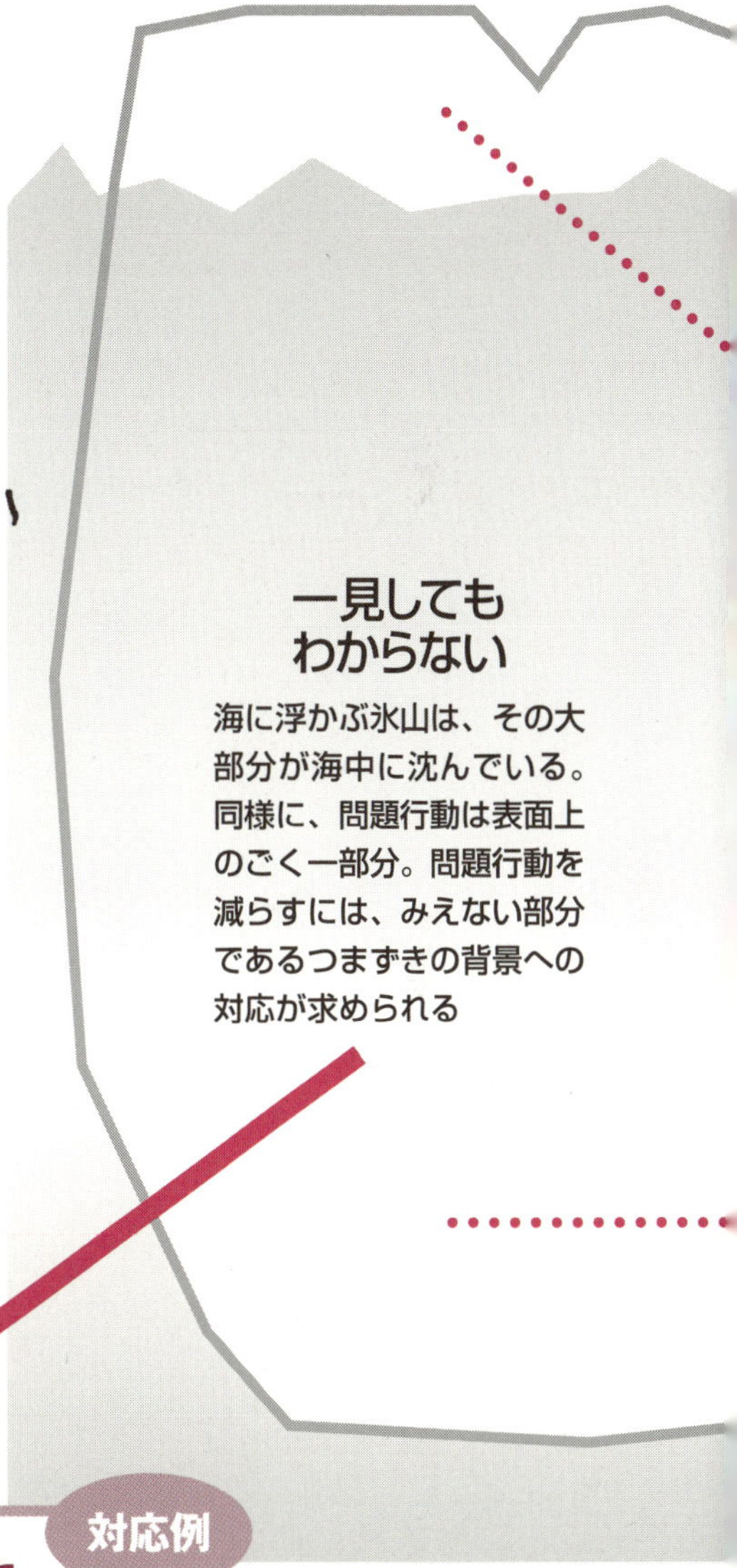
一見してもわからない
海に浮かぶ氷山は、その大部分が海中に沈んでいる。同様に、問題行動は表面上のごく一部分。問題行動を減らすには、みえない部分であるつまずきの背景への対応が求められる

予防的な対応で問題行動を防ぐ

「これはダメ」と行動を制止しても、問題行動を生みだす原因に対応しなければ、同じ場面でつまずいてしまう。問題行動が起きる要因やきっかけを知ることで、未然に防げる

対応例

原因にあわせた対応を考える

- ●なぜ問題が起きたか分析する
- ●なにをすればよいかわかるよう明確に指示する　など

問題の背景

つまずきの理由は本人にもわからない

わかっていても実行できない、やろうと思ってもできない子どもに、問題を自力で解決させようとしてもうまくいきません。周囲の適切なフォローが必要です。

思春期特有のつまずきと背景

問題行動をくり返す子どもは、「できないのは、意思が弱いから」などと思われがち。けれど、つまずきがあるのには、それなりの理由があります。

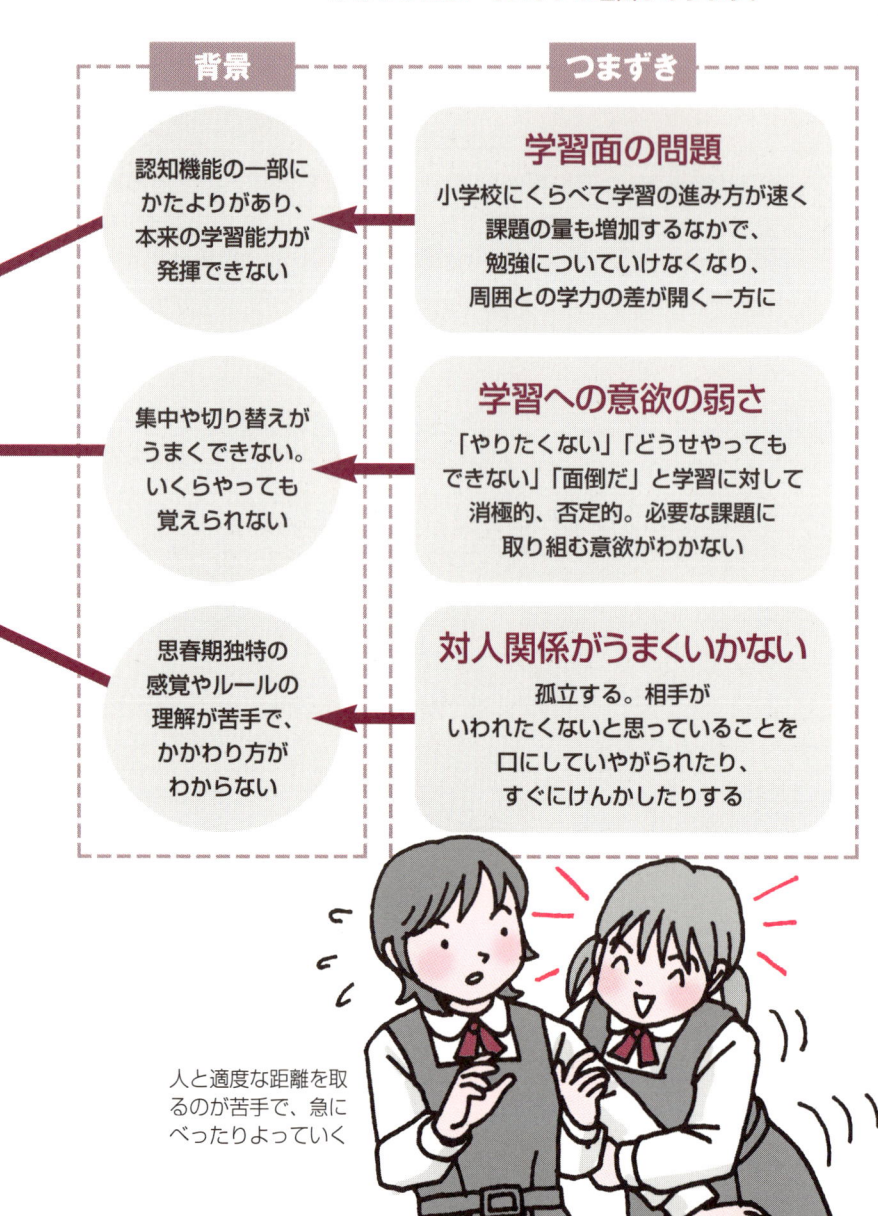

つまずき

学習面の問題

小学校にくらべて学習の進み方が速く課題の量も増加するなかで、勉強についていけなくなり、周囲との学力の差が開く一方に

→ 背景：認知機能の一部にかたよりがあり、本来の学習能力が発揮できない

学習への意欲の弱さ

「やりたくない」「どうせやってもできない」「面倒だ」と学習に対して消極的、否定的。必要な課題に取り組む意欲がわかない

→ 背景：集中や切り替えがうまくできない。いくらやっても覚えられない

対人関係がうまくいかない

孤立する。相手がいわれたくないと思っていることを口にしていやがられたり、すぐにけんかしたりする

→ 背景：思春期独特の感覚やルールの理解が苦手で、かかわり方がわからない

人と適度な距離を取るのが苦手で、急にべったりよっていく

問題の背景は本人にはわからない

子どもは自分のつまずきを自覚し、なんとかしたいという思いを持っています。けれど、いったいどうすればつまずかずにすむか、わからないで困っているのです。

自分がかかえる問題の背景は、本人にはわかりません。周囲が問題の背景をふまえて適切に働きかけ、子どもが解決に取り組める下地をつくることが必要です。

ワーキングメモリーの弱さも一因

わかっていてもうまくできない、という背景には、脳（前頭葉）のワーキングメモリーの弱さもあるようです。

ワーキングメモリーとは短期記憶の一種。考えたり作業したりするために必要な情報を、頭のなかに一時的にメモしておく機能です。これがうまく働かないと、指示を正確に覚えられません。メモをとるなどして、補いましょう。

○○君も電車が好きみたいだよ
電車大全
電車大全

対応例

保護者や教師がフォローする

周囲の大人が、つまずきの背景を理解したうえで、子どもがつまずきを乗り越えられるようにお膳立てする。子ども自身が問題に取り組めるようにしていく

自力での解決はむずかしい

本人につまずきの原因はわからない。自力で解決させようと、ただはげますだけでは、つまずきを乗り越えるのは困難

人とのかかわりが苦手なら、同じ趣味を持つ子を引きあわせるなどして交流を広げさせる

問題の背景

観察することで背景がみえる

興奮して騒《さわ》いだり、パニックを起こすなど、困った行動の裏には、その子なりの理由が必ずあります。問題行動の背景を知ることで、適切な支援の方法もみえてきます。

背景を知る3つのポイント

問題行動が起きたときには、行動の前後の状況を詳しく検討します。そうすると、なぜ問題が生じるのか、どうすれば回避できるかが、みえてきます。

POINT 1 いつ

どんなときに問題行動が起きやすいか、行動が起きる前の状況を含めて把握。落ち着いて過ごせるのは、どんなときかもみておく

POINT 2 だれと

だれといると混乱しやすくなるか。一人でいるときか、集団でいるときか。相性のよい人はだれかも把握しておくとよい

POINT 3 どこで

問題行動はどこで生じやすいか。一般教室や特別教室か、それとも廊下や更衣室か。落ち着ける場所はあるか

火事を連想してしまう消防車の音などでもパニックを起こすことがある

情報を集めて共有し、支援の方法を考える

一人ひとりの子どもがかかえる問題の背景は、それぞれ少しずつ異なります。発達障害についての一般的知識だけで問題の背景を推察し、支援をおこなおうとしても無理があります。

多くの人がかかわり、さまざまな角度から情報を集めて共有をはかりましょう。そうするうちに、それぞれの子にどんな支援が効果的かがわかってきます。

できること、得意なことをみつける

支援というと、苦手を克服するためにどうすればよいかと考えがちですが、不得手なことへの取り組みだけでは、子どものモチベーションは上がりません。子どもができること、得意なことをみつけ、伸ばしていくことも考えましょう。子どもが自己評価を高めることは、問題を乗り越える力になります。

落ち着ける保健室で信頼する養護教諭に、悩みを打ち明けることもある

校内全体で支援していく

学校生活上の支援は、教室内にとどまりません。担任の先生を中心に、学年の先生やスクールカウンセラーを含めたチームとして支援していきます。

担任の教師
校長・教頭
専科の教師
当該学年の教師
部活動の担当教師
スクールカウンセラー
特別支援教育コーディネーター
保護者
養護教諭

教師、スクールカウンセラー、保護者などが話しあいの機会を持ち、情報を共有しあう

支援の基本

3つの学習スタイルが子どもを伸ばす

子どもが持つ特性はそれぞれ異なります。反応や行動をよく観察し、その子に伝わりやすい学習スタイルを見出して働きかけることで、一人ひとりの力を引きだしていきます。

3大学習スタイル

学び方、覚え方のスタイルは、大きく視覚型と聴覚型、運動型に分けられます。子どものようすを観察し、どんな学習スタイルなら理解が進みやすいかを検討していきます。

みる

目でみる視覚情報に強いタイプ。図や表、絵などを使うと、理解が進みやすい
【例】漢字の偏《へん》とつくりを色分けしたり、意味を絵で示したりすると覚えやすい

聞く

耳で聞いたり、自分で唱えたりしながら覚えるのが得意な聴覚優位のタイプ
【例】漢字の書き順を、文字書き歌にして唱えながら覚える。英語はリスニングテープで覚える

体を動かす

字を書いたり、体を動かしたりと、実際に自分でやりながら覚えるのが得意な運動型
【例】何度も自分で書き取りをして、一つひとつの漢字を覚えていく

体を動かして覚える子どもは、実際にのこぎりを使って作業することで使い方を覚える

すべての子どもに通じる

障害の有無にかかわらず、みて覚えるのが得意な子もいれば、言葉の説明で理解が深まる子もいます。また、体で覚えていくタイプの子もいます。

発達障害がある子どもがかかえる学びにくさへの対応は、じつはすべての子どもにとって、理解を深める方法になるわけです。

家庭学習では電卓やパソコンを使用させ自信を持たせる

苦手な学習方法を強制することは子どもにとって大きな負担になります。せっかくの興味を失わせることにもなりかねません。

適切な機器で苦手を補い、得意分野を伸ばすことを考えましょう。問題の解き方はわかるのに暗算でつまずいてしまう子には電卓の使用を、書きたい内容はあるのに書字が苦手な子にはパソコンを使わせて自信を持たせましょう。

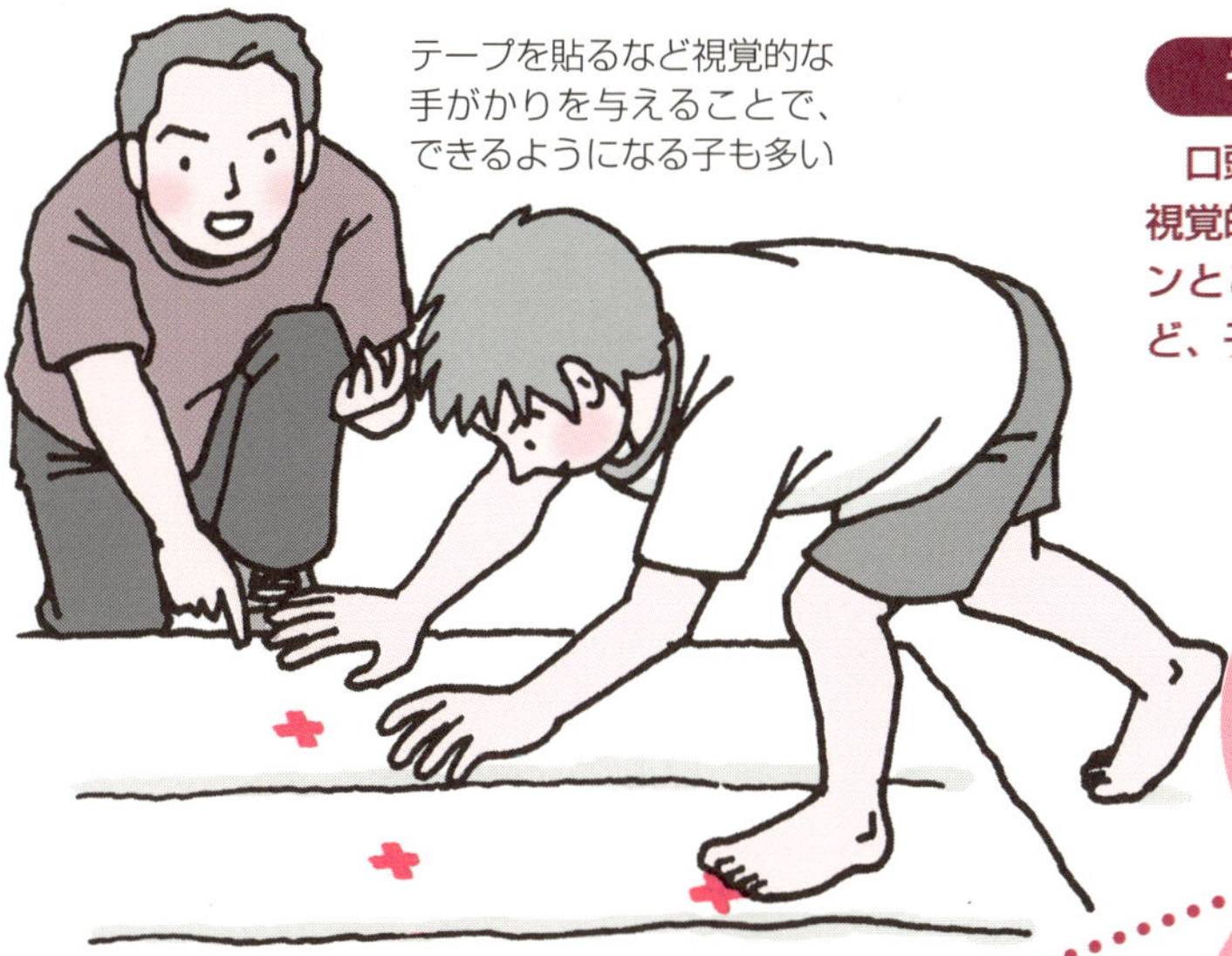

テープを貼るなど視覚的な手がかりを与えることで、できるようになる子も多い

子どもにあう方法を探る

口頭での説明だけでは理解しにくい子には視覚的な手がかりを与える、みただけではピンとこないようなら実際にやらせてみるなど、子どもにあった方法を探っていきます。

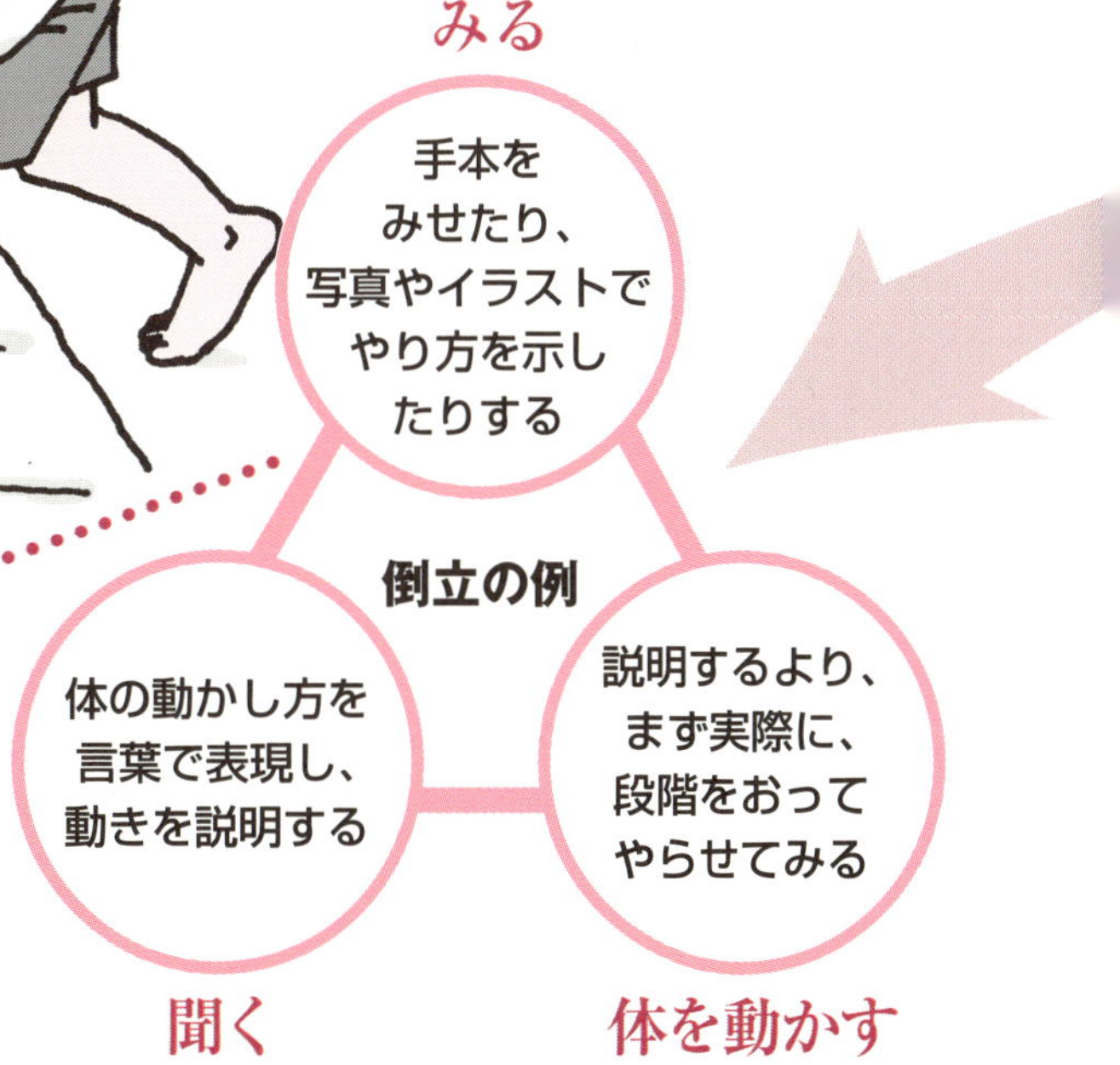
みる
手本をみせたり、写真やイラストでやり方を示したりする
倒立の例
体の動かし方を言葉で表現し、動きを説明する
説明するより、まず実際に、段階をおってやらせてみる
聞く
体を動かす

苦手なことは無理にさせない

どうしても苦手なことはあるもの。
無理にほかの子と同じようなレベルまでやらせようとしなくてよい。
無理強いは意欲を低下させる。
ほかの運動で代替する

COLUMN

将来の夢、希望の進学先が学習意欲につながる

どの子も勉強ができるようになりたいと思っている

不得手なことに取り組むのは、だれにとっても簡単なことではありません。子どもは長いあいだ、わからないことの連続で、学習に対する意欲を失っているのです。

しかし「できない」というレッテルを貼られるのはいや、というのが子どもの本心です。「勉強ができるようになりたい」という思いは、どんな子も持っています。

将来の夢から勉強の目標を立てる

それでも、勉強する目的がわからない、学習に興味が持てないという子もいます。

そのような場合は、将来の夢や進学先の希望について話しあってみるとよいでしょう。目標が定まれば、いつまでに、どんなことをできるようになればよいかが明らかになります。学習に前向きに取り組むきっかけになります。

「海外に留学したい」という夢があれば、英語の勉強をがんばる意欲も高まる

4

勉強、人づきあいの上達が自己評価を高める

中学生は、勉強や人づきあいの面で、
大きなつまずきに直面しやすい時期です。
この時期の支援は、大人がすべてやってあげるのではなく、
できることは本人にやらせていくようにします。

指示・課題はスモールステップにわける

授業に集中できず、指示や説明を聞きもらしやすい子がいます。こうした子には、いちどにすべてを伝えたりやらせたりせず、スモールステップで理解させます。

なにをすべきか明らかにする

授業についていけなくなる理由は、いろいろあります。勉強のレベルが高すぎる場合もあれば、本人が勉強内容に関心を持てないこともあります。

一方で、指示のしかたや課題のあたえ方が混乱のもとになることもあります。その場合、なにをすべきかわかるよう伝え方を工夫すると、子どもの理解が進み、集中して学習に取り組めます。

また、課題の量が多くて、負担に感じている子もいます。その場合は、課題の量を減らすなど、個別の対応を考えていきます。

家庭でも同様に、シンプルな指示を心がけましょう。

指示が多いと混乱する

授業中、いちどにたくさんの指示をだされると、いま、なにをすればよいかがつかみにくいうえ、混乱して理解が進みません。

対応例

指示は1回にひとつに

一文に複数の指示を盛り込まない。「〜してから〜をやって」ではなく「〜します」のように、指示はひとつずつ示す

教科書の例題が終わった人は黒板を写してから52ページの問題を……
数学I

言葉だけで複数の指示をだされても、理解できない

1.例題をやる
2.黒板をうつす
3.P52の問題をとく
まず例題をやりましょう
数学I

黒板に指示を書くと同時に、簡潔な言葉がけをすれば生徒に伝わりやすい

指示のだし方は子どもをみて

授業中、全員にあたえる一斉指示も、わかりやすい表現を心がけます。そのうえで、指示を聞きもらしているようすがみられる子には、個別にフォローします。

対応例

理解できているか確認

指示のあとは生徒の顔をみながら質問を促す。あとで個別に声かけをしたりして、わからないことがあれば補足する

対応例

指示はビジュアルでもみせる

指示内容を箇《か》条《じょう》書《が》きにして、黒板に書いておいたり、メモにして渡したりする

個別指導をする場合

学習の目標は、1週間など短めに区切るとよいでしょう。ゴールがみえれば、安心して取り組めるからです。

毎日の学習の課題も、小分けにしておこないます。ひとつの課題を終えたら次の課題に取り組む、というように、スモールステップで少しずつ取り組めるようにアドバイスしましょう。

家庭学習

勉強の習慣化は親のはげましが有効

学力を定着させるためには、家庭学習の習慣をつけたいもの。けれど「勉強しなさい」というだけでは、取り組めません。習慣化を促すサポートが必要です。

意欲を引きだす

できそうにないことを強いるのは、子どもの意欲を低下させるもと。「これくらいならできる」と思えるようなレベルからスタートするとよいでしょう。

対応例

勉強する机はきれいに整頓

静かで落ち着けるところを勉強する場に決め、遊び道具は持ち込まない。机の上には勉強道具しかださず、気が散らないようにする

対応例

時間を加減する

宿題の量は、一定の時間内にできる量にする。課題を小分けにし、ひとつの課題を終えたら休憩をとるように決めておくとよい

対応例

時間を決める

帰宅後のタイムスケジュールを作成し、家庭学習に取り組む時間を決めておく。どの教科をいつ勉強するかも計画し、表にして貼る

机の上も、やるべきことも整理されていない状態では、勉強が手につかない

保護者がサポートする

片づけられるように整理を手伝う、きちんと取り組んでいるようすを認めてはげますなど、無理なく続けられるように支えていきます。

毎日続いて
えらいわね
わからない
ことがあったら
聞いてね
月 火 水
PM 5:00 部活 ゲーム 部活
6:00 TV 夕食 TV 夕食
7:00 夕食 塾 勉強
8:00 勉強 ゲーム
9:00 ゲーム 勉強 自由
自由
10:00

机の周辺を整理し、学習環境を整える。親がはげますことで意欲も保てる

本人の気持ちを支える

宿題をやってこない、家庭学習に取り組めないという子は、家庭学習の進め方がわからなかったり、集中できる環境が整っていなかったりします。

「家でちっとも勉強しない」と嘆くより、家庭学習に取り組みやすい環境をつくりましょう。

ほめたりはげましたりしながら、本人のやる気を引きだし、支えていきます。

テレビやゲームに熱中してしまうときは

勉強が大事だからといって、子どもの遊びを取り上げてしまうわけにはいきません。

「ゲームは宿題のあと30分間」など、ルールを決めておくとよいでしょう。テレビはニュースや教育番組など、学習に役立つものもあるので、観る番組を選びましょう。

テレビやゲーム以外に、楽しい時間を過ごせるようにすることもいっしょに考えます。

テスト

予定表をつくれば、計画的に勉強できる

テストの日程や出題範囲がわかっていても、それに備えた勉強が苦手な子には、学習計画表を作成するとよいでしょう。はじめは大人が手伝い、徐々に子ども自身が計画を立てられるよう支援します。

情報の整理が苦手

定期テストがおこなわれる科目は複数にわたります。それぞれの科目の出題範囲をふまえて勉強し、テストに備えるのは、簡単なことではありません。

段取り、配分が苦手

いつまでに、なにをすべきか、段取りや配分を考えることが苦手なため、テストに備えた勉強をしにくい

あれもこれもと気ばかり焦り、なにからどう手をつけてよいかわからなくなってしまう

家庭でも勉強できる工夫を

目にみえないことを見通すのがむずかしい子は、中間テストや期末テストなど、あらかじめテストがあるとわかっていても、なかなかそれに備えて勉強することができません。

目標にあわせて学習を進めるには、テストまで勉強する時間が何時間あるか、そのためにいまなにをすべきか、明確に示しましょう。「今日は○ページまで」「漢字練習は○個覚える」など細かくゴールを設定し、やる気を高めるのが計画倒れしないコツ。友だちや家族と、日を決めて英単語や漢字のテストをするのも、意欲の継続につながるよい方法です。

計画を実行できるように支援する

テストに向けて学習計画を立て、それにそって家庭学習を進められるようにしておきます。計画どおりに実行するには、保護者のサポートが大きな力になります。

テスト勉強の計画表をつくる

テストの範囲にあわせて、いつ、どの科目をどれくらい進めるか、学習の計画を立て、実際にやれたかどうかをチェックする。教科ごとに分けるとわかりやすい

月日	英語	数学	国語	理科	社会	評価
11/17	Lesson 7	教科書の練習問題				△
11/18			漢字の練習	ノート見直す	日本史の年号暗記	◎
11/19	Lesson 8	プリントの問題				○

テストまでの日数と学習範囲、実際にどれくらいやれたかを表にまとめる。定期的に提出させ、アドバイスする

対応例

学習方法を示す

教科書を読む、ノートを見直す、練習問題をやり直す、暗記カードで覚えるなど、やるべき内容を明確にしておく

2学期の予定表

9月				10月				11月				12月			
第1週	第2週	第3週	第4週	第1週	第2週	第3週	第4週	第1週	第2週	第3週	第4週	第1週	第2週	第3週	第4週
1日 始業式			25日 体育祭		13日〜16日 中間テスト						24日〜27日 期末テスト				→ 冬休み

ここが今週

「あと2週間で期末テスト」と声かけするなど、周囲も協力して、スケジュールを確認する習慣をつける。済んだ日程には斜線を引く

対応例

スケジュールをみてわかるように

学期ごとに、いつどんな行事があり、いつテストが実施されるのか、スケジュール表にして掲示しておくと、見通しを持ちやすい。書き込みすぎるとわかりにくくなるので、大切な情報だけ書き込む

学校での対応

本人が落ち着く環境をつくるようにする

周囲の小さな物音などに反応しやすい子は、よけいなものが多い環境では、学習に集中できません。落ち着いて学習に取り組める環境をつくることを心がけます。

周囲の環境を整える

教室内は座席の位置によって、ものの見え方、音の聞こえ方が変わります。不要な音や動きが目に入りやすい窓際や廊下側は避けたほうがよいでしょう。

小学校では

教師が決定する

集中しにくい子は、教師の目が届きやすく、まわりの子どもの動きに左右されにくい、最前列の真ん中などに座らせることが多い

中学校では

席を選ぶときは本人と話しあう

座席の周辺の状況に左右されやすいということを、本人にも自覚させる。集中できる席、自分が落ち着ける席を選ぶようにする

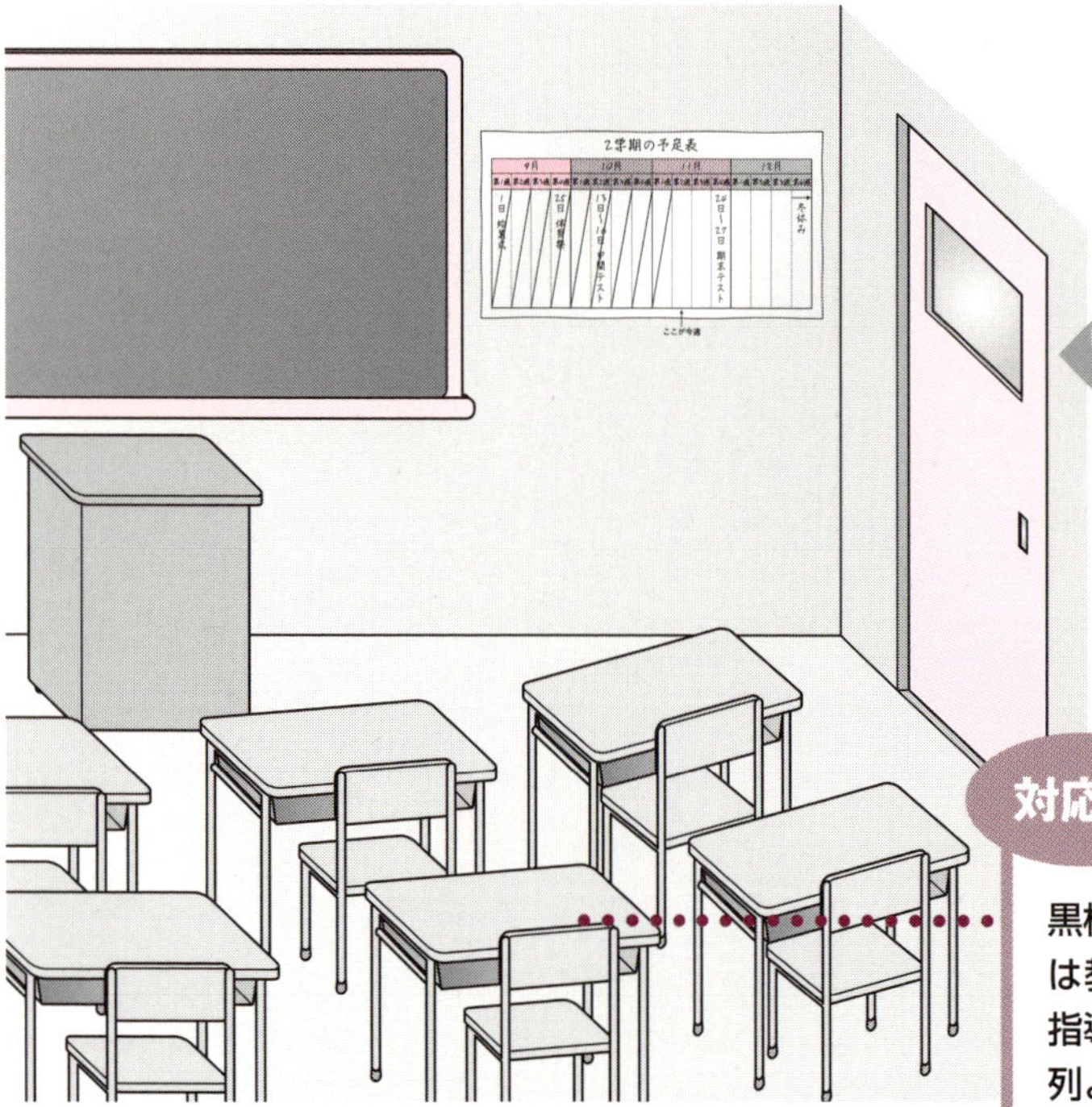

教室のなかでどの席が落ち着くか、子どもの意見も聞いて座席を決める

対応例

指導しやすい席

黒板に視線が向けやすく、刺激が少ないのは教室中央の1～2列目。教師に近いので指導もしやすい。緊張しやすい子は、最前列より2列目のほうが落ち着きやすい。前に座る子をモデルにすることもできる

気が散らないように、
勉強に関係のない
ものは目の届か
ない場所に置く
マンガ
マンガ

家庭でも環境整備を

家庭でも、勉強をするときには不要な刺激をできるだけ排除します。環境を整えることで、家庭学習に集中して取り組めるようになります。

対応例 音や光、温度も調整する

勉強場所はできるだけ静かなところに設ける。照明は手元が暗くならないように。暑さや寒さが気にならないように、室温にも配慮する

対応例 引きだしを活用する

机の上には、勉強に必要な最低限のものしか置かず、あとは引きだしにしまうようにすると、すっきり片づく

対応例 必要ないものは覆って隠す

勉強するときは、机のまわりに置いてあるマンガやゲームなどを布などで覆って隠し、目に入らないようにする

対応例 プリントを整理する

プリント類の整理ができないと、机の上が散らかりやすい。科目ごとにインデックスをつけた投げ込み式のドキュメントファイルを用意し、必ずそこにファイリングする習慣をつける

親に渡すプリントも、ドキュメントファイルで管理すると忘れにくい

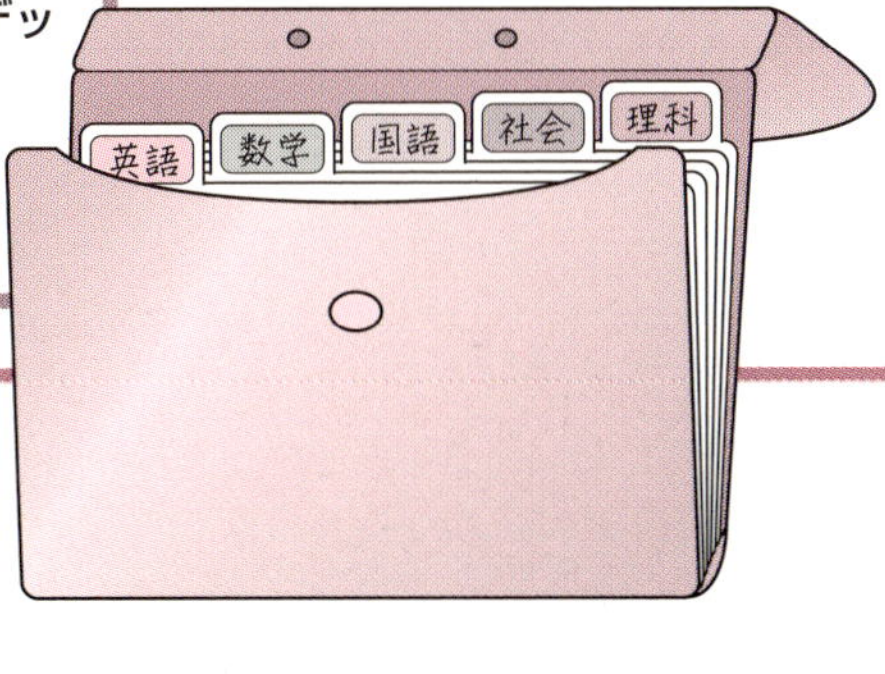

英語
数学
国語
社会
理科

いじめ

自分から相談できる人をみつける

人とのかかわりが苦手だったり、場の空気を察することが苦手な子は、その言動が周囲から浮き上がってしまい、いじめのターゲットになることがあります。

本人に自覚がないことも

相手の真意を推《お》し量《はか》ることが苦手な子は、「話しかけてくれる人＝友だち」と考えてしまい、客観的にはひどい扱いをされていても、本人にその自覚がない場合があります。

いじめにあう

ほかの子と違う反応や言動をからかわれたり、仲間はずれにされたりする。学校に行きたがらなくなり、不登校につながることも

体《てい》よく利用される

「友だちなら、これくらいのことは当然」といいくるめられ、金品の要求に応じてしまったり、いいように使われたりしてしまう

「友だちがいる」と思えることがうれしく、不当な要求にも応じてしまう

特性ゆえの言動がいじめにつながる

人と上手にかかわるには、相手の表情を読み取る、言外の気持ちをくみ取る、場の雰囲気を察するなど、多くの情報を処理しなければなりません。自分の言動が相手にどう受け止められるか、考えて対応することも必要です。

こうした複雑な対応が苦手な子は、相手がいわれたくないと思うことをいって、迷惑がられることがあります。また、場違いな言動をとり、奇異な目でみられることもあります。

いずれにしても、ほかの子と違う部分が目立ち、周囲から浮き上がってしまいがち。いじめのターゲットになりやすいのです。

信頼をよせる教師には本音を話すことも多い。そうした人物を自分でみつけられるとよい

トラブル回避のスキルを教える

いやだと思っていることをうまく伝えられずに、トラブルに巻き込まれてしまうことがあります。いやなことがあった場合の対処法を身につけることが大切です。

対応例

相談できる人を決めておく

子どもが信頼をよせている人に相談役を頼んでおき、いやなことがあった場合には、相談するよう本人に伝える

対応例

「ノー」といえるようにする

本人も、まわりの子どもも、いやなことを「いやだ」「やめて」と、はっきりいえるようにする。断ったからといって、関係が悪化するわけではないことを伝える

対応例

相手の気持ちを推測する練習をする

●時間を気にしているようすはないか、いやがっているようすはないかなど、相手の表情やしぐさに目を向けさせる
●不適切な発言があれば、その場で注意する
●相手の役、本人の役を演じるロールプレイを通じて状況を再現し、相手の気持ちに気づかせる　など

学校はいじめに毅然と対処することが必要

大人が「いじめられるほうにも問題がある」と考えている限り、いじめはなくせません。どんな理由があっても、いじめは容認されてはなりません。いじめはよくない、と毅然と対処することが必要です。

ほかの子に障害の特性を伝える際は、「変わっているからしかたない」というニュアンスにならないよう、また「特別扱い」と受け止められないよう、ていねいに説明することが求められます。

孤立

自分のよさに気づかせて人とかかわらせる

孤立しがちな子には、人づきあいのルールを示し、周囲とかかわるきっかけをセッティングしていきます。焦らず、ゆっくり関係づくりをはかっていきます。

友だちがいなくて孤立する

どう声をかけてよいかわからないために、人とうまくかかわれない、かかわろうとしない子がいます。親しい友だちができず、クラスで孤立しがちです。

孤立の要因

- 友だちづきあいに自信がない
- 自己表現や主張が苦手
- 周囲にあわせるのが苦手で、休み時間のおしゃべりに参加できない
- かかわりたい一心で、場違いなことをいってしまう

友だちになりたくても、適切なかかわり方がわからず、ちょっかいをだすことでかかわろうとする

本人の気持ちを優先する

親しい友だちがいなくて、学校でいつもひとりで過ごしていても、本人はあまり気にしていないことがあります。しかし、そのような子も、友達なんていらない、と考えているわけではなく、どうかかわればよいかわからずに困っているということが多いものです。「本人がいいというのだから」と放っておくのではなく、友だちとのかかわり方を学べるように、教えていきましょう。

ただし、いつもいっしょにいる関係だけが、よい関係というわけではありません。本人が適度な距離があったほうが楽というのなら、それを認めることも大切です。

発表タイムは、それぞれの子のよさを、みんなが認めあえるよい機会になる

人づきあいのルールを学ばせる

周囲の大人がサポートして人とかかわる機会をつくり、徐々につきあい方のルールを学ばせていきましょう。

対応例

自分のよさに気づかせる

得意なことを発表させる、ボランティア活動に参加させるなどして、「自分はこんなこともできる」と思える機会をつくる

対応例

趣味を介した関係をつくる

共通の趣味を持つ子を紹介し、趣味を通じて人とのかかわりを増やす。部活動やサークルに参加させてもよいが、集団になじみにくい場合があるので、配慮が必要

対応例

「相談カード」でかかわりを持つ

担任の教師が直接配布・回収する相談カードをつくる。勉強やクラス、放課後のことなど、生徒が感じていることを書いてもらう。感情の表現が苦手な子の気持ちを知る

人とかかわる機会をつくれるよう、周囲の大人が積極的に介入する

孤立

人づきあいの幅を広げる

学校だけがすべてではない。
地域のボランティアグループや、地域コミュニティーセンター、福祉会館が心地よい居場所になることも

無理強いはしない

「声をかけてみなさい」など、子どもにかかわりを強制しない。「ひとりでいる子はダメ」という否定的な表現をしない

けんか

自分をコントロールする方法を学ばせる

ちょっとしたことでカッとなり、乱暴なふるまいをする子は、周囲から敬遠されてしまいがち。自分の気持ちをおさえる方法を身につけさせます。

けんかになったら まずその場から離す

衝動性の高い子は、ささいなことで感情を爆発させ、周囲とのトラブルが大きくなりがちです。

けんかになったり暴れたりしているときは、まずその場から離して、本人や周囲に危険がおよばないようにします。落ち着いたところで本人の話を聞きましょう。

なぜ怒っているのか周囲の人には理解しにくくても、本人には本人なりの理由があります。まわりの子の話も聞き、本人に誤解があれば、状況を説明して対応します。

同時に、感情のたかぶりを暴力や暴言で表現しないですませる方法を身につけられるように、対策を考えさせます。

衝動的な行動をおさえられない

感情のコントロールが苦手だったり、自分の感情をどう表現すればよいかわからなかったりする子は、急に暴力的な言動をとってしまうことがあります。

ちょっとしたきっかけで腹を立てる

↓

すぐカッとなる

↓

けんかっ早く、手を上げてしまう

ちょっとしたからかいを受け流すことができず、けんかになる

対応例

みんなのための活動をする

「暴力的」などと敬遠されている子に対しては、ボランティア活動などみんなのためになる活動に参加させる。その子の活躍が認められるような機会をつくり、周囲との関係を回復させる

自力でがまんできるように

中学生にもなると行動範囲が広がり、大人の目が届かないこともあります。自分で自分の気持ちをコントロールできる方法を身につけられるように支援していきましょう。

自分の気持ちを落ち着けるセリフを決めて、感情をコントロールする

あいつすぐ怒るんだぜ
気にしない気にしない

対応例

落ち着くまでその場を離れる

イライラして落ち着けない場合、無理にがまんしようとせず、その場から離れるようにする。場所を変えてひとりになると、だんだん心が鎮まってくることを学ばせる

対応例

ブレーキをかける方法を学ぶ

カッとなりそうなときは、「気にしない、気にしない」と心の中で唱えるなど、心を鎮める自分なりの方法を考え、実行する

本人が早とちりしていることもある

状況を理解するのが苦手な子は、鉛筆を拾ってくれたのに「盗られた」と思ってしまうなど、相手の行動を誤解して、カッとなることがあります。

また、なにかのきっかけで過去の体験が思いだされ、急に怒りだすようなこともあります。

集団行動

友だちの行動をみて、社会のルールを身につける

暗黙のルールを理解することが苦手な子は、ときにマナー違反と思われる言動をとってしまうことがあります。人前でのふるまい方を、しっかり学ばせる必要があります。

まわりの友だちがお手本になる

ある特定の状況で、どのようなふるまいが期待され、どのような言動が受け入れられないか、を理解するのは、集団生活を送るうえで欠かせないことです。

社会的なルールがなかなか身につかないときは、「こういうときは、こうするとよい」という一般的なルールを、できるだけ具体的に教えていきましょう。まわりの友だちのようすに目を向けさせ、お手本にさせるのもよい方法です。

周囲を不快にしてしまうことがある

他人の目を気にしなかったり、状況を察することが苦手な子は、周囲に不快感をあたえる言動をとることがあります。しかし、本人は自分の言動に問題があるとは思っていません。

髪型、服装に無頓着《むとんちゃく》
あいさつもせず無愛想
自分の好きなことばかり話し続ける

服装に気を使わず、周囲から避けられてしまう。からかいやいじめの対象になることも

職員室

職員室に入るときの声のかけ方など、友だちのふるまいをみて、まねさせる

集団内での規範をつくる

集団生活を円滑に送るための社会常識は、自然に身につくものと期待しがちです。しかし、暗黙のルールの理解がむずかしい子には、守るべきルールをきちんと説明する必要があります。

対応例

友人のふるまいを参考にする

まわりの子が、どんなときに、どんなふるまいをするのか、よく観察させる。具体的なふるまい方がわかり、お手本にしやすい

対応例

身だしなみについて教える

清潔《せいけつ》さを心がけるのは、健康面からも大切であることを本人が納得するまで話しあう。そのうえで、チェックリストを使い、自分で身だしなみを整えられるようにする

対応例

ルールブックをつくる

あいさつするとき、頼みごとがあるとき、断りたいとき、下級生への接し方など、場面別に適切なふるまい方や具体的な言葉づかいをまとめ、いつでも確認できるようにする

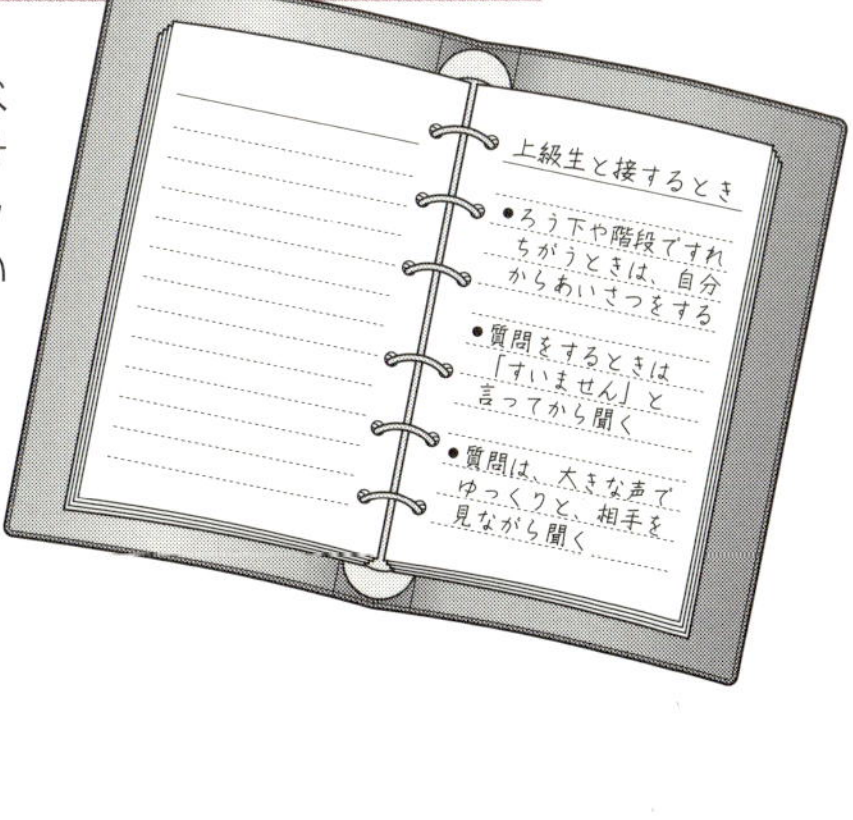
上級生と接するとき
●ろう下や階段ですれちがうときは、自分からあいさつをする
●質問をするときは「すいません」と言ってから聞く
●質問は、大きな声でゆっくりと、相手を見ながら聞く

いつでも持ち運べるように、手帳サイズのルールブックをつくるとよい

教えられたルールで行動できなくなることも

発達障害がある子は、状況の変化への対応が苦手という面があります。そのため「知らない人に話しかけない」というルールを身につけると、わからないことがあっても周囲のだれにも質問できないという事態が起こり得ます。

実情にあわせ、ルールにただし書きをつけたり、修正を加えていくことも必要です。

してよいこと、よくないことを考える

思春期は性への関心が高まる時期。だれかを好きになる気持ちはすばらしい感情ですが、表現のしかたによってはトラブルにも。性的な問題への対応も必要です。

周囲を驚かせる行動をとる

性に関する暗黙のルールを理解しにくい子は、異性への関心の高まりから突飛なふるまいをしたり、体つきの変化への無頓《むとん》着《ちゃく》な言動で周囲を驚かせ、困惑させることがあります。

特定の異性の迷惑になる行為

「好き」という感情の表現がストレートすぎて嫌がられてしまう。相手からの親切を好意と取り違えて、一方的にアタックしてしまうこともある

- つきまとう
- まちぶせる
- 大量のメールを送りつける
- 何度も電話する　など

相手にどう思われているかにはおかまいなく、一方的にメールを送りつける

周囲の迷惑になる行為

恥ずかしいという感覚が薄い子は、人前で平気で「はしたない」と思われる行為をしてしまう。注目をあびたいために、わざとすることもある

- 人前で服を脱ぐ
- 生理用のナプキンを男子の前でも平気で取りだす
- 異性に顔を近づける
- ひわいな言葉をいう　など

背景　異性に関する社会的なルールが身についていない

気持ちを表現するうえで、わきまえるべきことがわからない。相手がどう感じるかについての理解も不十分

ルールを覚えれば行動は修正できる

異性に興味を覚えるのは、健康な成長の証です。性への関心を否定する必要はありません。

しかし、許容されるルールを越えた行動は、トラブルのもとになってしまいます。守るべきルールをきちんと示し、行動を修正していくことが必要です。

不適切な行動をくり返す場合は、大人が意識的に行動を変容させるために、なにか興味を持てるものをみつけ、取り組めるように促すことを考えます。

マニュアル化して学ぶ

異性に対する適切なかかわり方を、具体的な場面に即して教えましょう。ルールに例外はつきものですが、まずは基本的なルールをしっかり身につけることが先決です。

いまお話ししてもいいですか?
いまは急いでるの

いっしょに下校したくても、相手の気持ちも考えて、まず聞くようにする

対応例

自分の行動をふり返る

してはいけないことを制止できたか、自分でチェックするような表をつくり、毎日自分でふり返る。定期的に、保護者や教師とふり返りの機会を持ち、見守る

対応例

「聞く」「はっきり断る」

したいと思ったことを、いきなり行動にうつすのではなく、必ず相手にしてよいかどうかたずね、「いい」といわれてからする。断られたら、あきらめることもルールにする

対応例

してはいけないことを明確にする

人が不快に思うような行為や、社会的に認められないような行為を、「してはいけないこと」として明示する。相手がどのような気持ちになるかを考えさせ、理解させる

COLUMN

休みの日の過ごし方を身につける

余暇《よか》の楽しみが人生を豊かにする

　決まったスケジュールがないと、なにをすればよいかわからず、休日を無為に過ごしてしまう――そんなようすが気になるなら、その子の好きなことを足がかりに、いろいろなことに挑戦させましょう。

　余暇の楽しみは、人生を豊かなものにしてくれます。外に出て交流範囲を広げることで、新たな出会いも期待できます。

余暇の例

- 時刻表に興味があるなら、実際に計画を立てて出かける
- 音楽が好きなら、家で鑑賞したり、音楽教室に行ったりする
- 運動が好きなら、いろいろなスポーツを試してみる
- 無理して出かけることはない。家でゆっくり過ごすのもひとつの方法

電車が好きならば、電車に乗って旅行をすることを楽しみのひとつにする

5

進路選びは 自立の第一歩

中学校卒業は、ひとつの大きな節目です。
これを機に、子どもたちは徐々に、
自分の判断で行動することを求められます。
進路の選択は、その最初のステップとなります。

相談

特別支援教育で子どもの能力を引きだす

子どもたち一人ひとりのニーズにあわせた、適切な指導や支援を目的に、特別支援教育が実施されています。それぞれの子にあった学びの場を選んでいきましょう。

いろいろな教室を選べる

学習環境は教室によって異なります。十分な支援を受けられるところはどこか、子どもにあう環境はどこか、検討が必要です。

まず担任に相談する

学業の面だけでなく、対人関係など生活面でのようすもふまえ、子どもにあった指導方法で学習できる場を相談する

通常学級

一斉指導が中心だが、少人数での指導や、習熟度別の指導を導入。支援が必要な子どもには、校内支援を検討する

通級による指導教室

個別指導、少人数指導によって、苦手な教科の補完や生活面、対人関係の改善をはかれる。通常学級に在籍しながら通う、より細やかな支援ができる教室

特別支援学級

知的障害がある子どもが在籍する少人数学級。それぞれのニーズにあわせ、個別対応をおこなう。小・中学校内に設置されていることが多く、通常学級との交流もある

通級では、それぞれの子が個別に対応してもらえ、子どもの理解が進む

通級による指導教室での指導の対象となるのは、言語障害、自閉症等、情緒障害、選択性緘黙《かんもく》、弱視、LD、AD/HDなどがある児童生徒

本人が困っていたら

保護者や子ども本人に、通常学級以外の学びの場の情報がない場合があります。しかし、子どもが困っていたら、本人にあう学習環境で学ばせることは、大きなメリットです。

実際に教室を見学すると、子どもも実感がわきやすい

子どもの実態を把握

担任をはじめとする教師が時間をかけて子どもの状況を把握したうえで、よりよい学びの場を紹介する。保護者の希望により、転校や入級を検討することもある

子どもの意思を確認

保護者だけでなく本人も通級による指導教室や特別支援学級を見学。入級するか本人の意思を確認したうえで、手続きに入る。抵抗がある場合は、時間をかけて丁寧に対応する

より適した支援が可能になる

それぞれのニーズにあわせた対応で、子どもの力を伸ばしていくことができる

入級までの手続き

自治体によって、特別支援学級や通級による指導教室の設置状況や手続き方法は異なる。担任に相談するとよい。入級には本人と保護者の同意が必要

学習環境が整えば子どもは力を発揮できる

学びの場はどこであれ、子どもたちのニーズに対応していく態勢が整ってきています。しかし、通常学級は最大四〇人にもなり、集団での指導が中心。個別対応に限界があるのも事実です。

発達障害がある子どもは、環境が整えば、見違えるように力を発揮するようになる場合が多いものです。通常学級にこだわらず、子どもが落ち着いて過ごせる学びの場を選ぶことが大切です。

個別支援計画とは

教育的な配慮を必要としている子どもについては、それぞれの特性にあわせた指導目標や支援を細かく設定した計画をつくります。

子どもの指導にあたる教師に引き継がれる個別支援計画により、在籍する通常学級と通級による指導教室などが連携し、子どもの支援にあたることができます。

相談

専門機関に子どもへの対応を相談する

発達障害がある子が支援を必要としているのは、学校生活のなかだけにとどまりません。子どもを理解し、具体的な支援方法を探るには、専門機関の活用がすすめられます。

家族だけで悩まず相談してみる

頼りになる先生がいても、子どもが学校を卒業すれば、日常的な相談はしにくいものです。

そこで、子どもを継続的に支援するために活用したいのが、各種の専門機関です。学校には相談しにくいことなども、家族だけで悩まず、相談してみましょう。

学校のこと、家庭のことも相談できる

在籍する学校と保護者とがうまく協力関係を築き、子どもに対する支援策を考えていくためにも、専門機関との連携が大切です。

専門機関

左ページに示すように、発達障害者支援センターをはじめ、さまざまな機関で相談を受けつけている

家庭

学校のことだけでなく、生活の面で生じる問題についても相談したい

学校の対応に疑問がある

学校には相談しづらい

進学のことが不安

学校

気がかりな子への対応を考えるために相談したい

発達障害と思われる生徒がいるが、どうすればよい?

勉強についてこられない子への対応を知りたい

発達障害について知りたい

がんばって勉強しても成績が伸びないなど、家庭だけでは解決できない問題がある

相談内容によって相談先を選ぶ

いずれの機関も、面接や電話による相談を受けつけたり、情報の提供をしています。対応の範囲は、それぞれの機関で異なりますが、必要に応じて他機関を紹介してもらえます。

直接施設を訪れて、相談することもできる

相談・サポート

教育センターや療育相談センターなど

教育や発達などに関する問題を総合的に扱っている。発達障害がある子どもに対する個別支援計画をつくるうえでも相談にのってもらえる。各都道府県にあり、自治体によっては市区町村が運営していることもある。施設によって異なるが、無料で相談を受けつけているところが多い

相談・サポート

発達障害者支援センター

発達障害者支援法に基づいて各都道府県や政令指定都市に設置された、発達障害がある人を支えるための中核的な機関。福祉、医療、教育のそれぞれの立場と連携し、発達障害がある人を生涯にわたって、継続的に支援していくことを目的にしている

国立精神・神経医療研究センター

発達障害の支援方法の研究をおこなっている。発達障害についての情報提供もおこなっている

相談・研究

相談

大学の心理カウンセリングセンター

発達に関する相談や、二次障害として現れている不登校やいじめなどの悩みに対して、臨床心理士が有料でカウンセリングをおこなう

進路選択

子どもに幅広い選択肢を示す

中学校卒業後の進路は選択の幅が広がります。とはいえ、住んでいる地域や子どもの特性によっては、実際に選択できる進路は限定されることも。まずは情報集めからスタートです。

進学先は柔軟に考える

中学校を卒業したあと、大半の生徒は就職ではなく進学を選びます。義務教育修了後の学びの場はいろいろ。「進学先は普通科」と決めつけず、幅広く情報を集めましょう。

高等専修学校など

得意なことをいかして職業技術が身につけられる。高等職業技術専門学校や、専門学校の高等課程などがある

特別支援学校

盲学校、聾《ろう》学校、養護学校など、障害ごとにわけられていた教育機関をまとめた学校。専門性の高い障害児教育を受けられるが、入学資格に制限がある場合が多い

高等学校

全日制、普通科高校に加え、工業・商業高校や定時制、通信制、単位制高校も。自治体によっては「チャレンジスクール」などの名称で、配慮が必要な子を受け入れる高校を設置。受け入れに積極的な私立校もある

サポート校など

通信制課程の単位取得をサポートしてくれる。少人数指導を取り入れており、不登校の生徒の学びの場としても機能している

よく吟味して選ぶ

本人の特性をよく考え、力を発揮できそうな学校を選ぶ

進学先に望みたいこと

発達障害への理解があること。配慮が必要な事項について具体的な対応策が用意され、得意な部分を伸ばす教育をおこなうなど、十分な支援態勢が整っているとよい

単位制高校では、コンピューターの授業などに特化して力を入れている学校もある

本人が納得するまで話しあう

情報を集めたら、教師の意見も聞きながら、本人をまじえてじっくり話しあいます。本人の希望が最優先ですが、安易な判断にならないよう、よく検討しましょう。

進学の相談のために、三者面談を設けるとよい

本人
本人の希望を聞く。ただし、一面的な情報で特定の進学先にこだわっている場合もあるため、学校訪問などを経験させる

教師
学校での成長のようす、学力などをみて選択肢を提示したり、選択にあたってのアドバイスをおこなったりする

保護者
親の望みが本人と一致しているとはかぎらず、両親で考えが違うこともある。本人の適性と学力をよく考えることが必要

情報を集めることからスタートする

中学校卒業にあたり、担任教師や専門機関に相談し、進学先の情報を集めます。ガイドブックやインターネットの活用も有効です。

学校によって特色はさまざまです。「この成績だからこの学校」「友だちと同じところがいい」という理由だけで進路を決めてしまうと、入学後に予想外の苦労を背負う場合もあります。事前に十分な検討が必要です

特別支援学校へ進学するときは

就労訓練を実施するなど、仕事につながる道を用意している特別支援学校は、障害がある子にとって重要な選択肢のひとつです。

ただし、希望すればだれでも入れるわけではありません。療育手帳の交付や医師の診断書を入学要件としていることもあります。進学を希望する場合は、直接学校に問いあわせてみましょう。

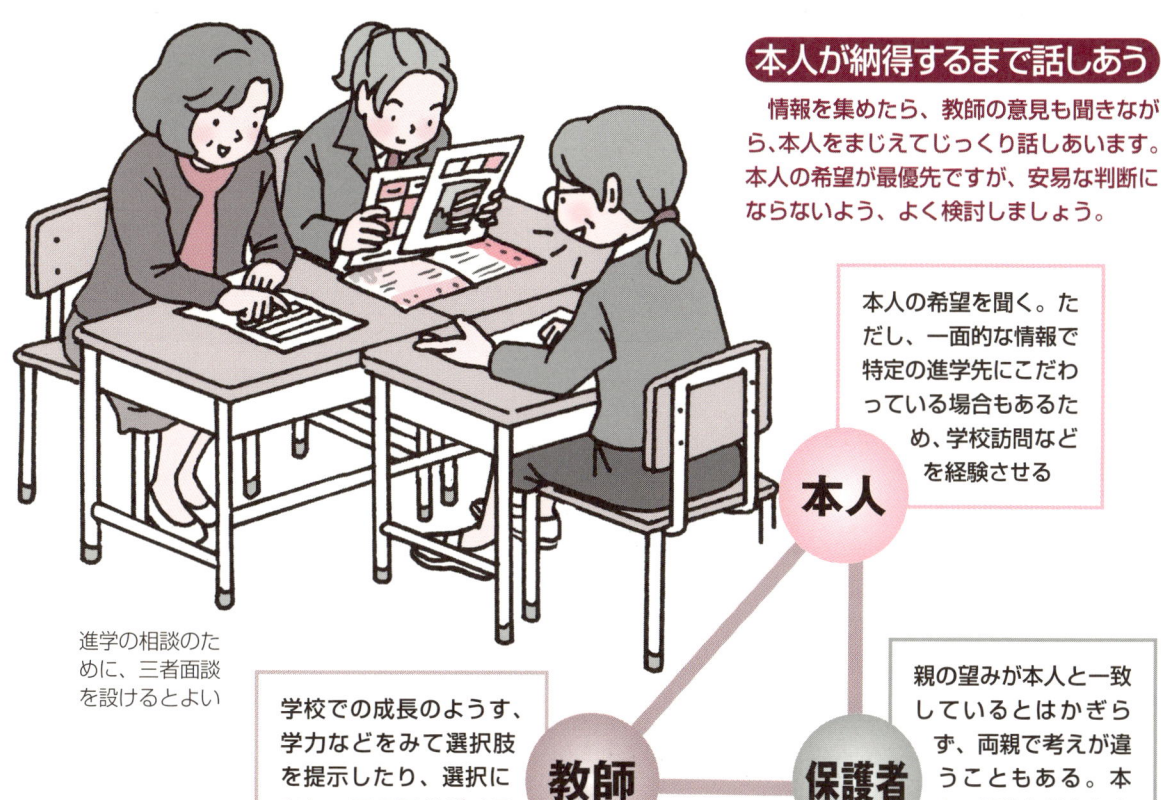

進路選択

進学先は、まず見学してみる

「これは」と思う進学先の候補がみつかったら、実際に足を運んでみましょう。子どもが力を発揮できそうな学校はどこか、子ども本人といっしょに見学・訪問していきます。

本人が決定することがその後の糧となる

中学卒業後の進路は、今後の生き方を決めるひとつの分岐点になります。親や教師が一方的に決めるのではなく、本人が十分に考え、決定することが大切です。

ベストな選択だと思っても、実際に学校生活がはじまれば、さまざまな問題が生じることが予想されます。そのような事態が生じたとき、問題を乗り越える力になるのが、「自分で決めた道なのだ」という覚悟です。

選択の幅が広がるだけに迷いも大きいものです。まわりの大人は、相談にのったり、情報を提供したりしながら、子どもの決断を支えていきましょう。

進学の判断基準を見直す

進学先を考えるうえでは、名声や学力レベルだけに目を向けず、本人の得意な面、苦手な面を客観的にとらえ、力を発揮できそうなところを選ぶようにします。

学力面で入れる学校を選ぶ

「少しでも学力レベルの高いところに」という観点から進学先を探すのは、継続的なサポートを必要とする子にとって、適切な判断基準とはいえません。

本人にあった学校を選ぶ

本人の能力や適性、興味、関心を客観的にとらえ、特性にあった学校はどこか、根気強く面倒をみてくれそうかどうかといった観点から選んでいきます。

生の情報を集める

候補となる学校を決めたら、実際に足を運んで情報を集めて、最終的な進学先を決定します。

進学した先輩の話を聞ける機会があれば、積極的に参加する

その学校の雰囲気は、文化祭などに参加して体感するとよい

実体験以上の情報はない

インターネットやパンフレットだけでは、実際の学校のようすは、なかなかみえてきません。自分で体感することがいちばんの情報になります。

訪問可能な日時を調べる

学校の公開日を調べる。ホームページや電話で問いあわせてもよい。
文化祭や説明会の日程などの情報収集を、中学2年生の秋ごろからはじめておくと効果的

実際に行ってみる

保護者だけでなく本人もいっしょに訪れて、実際の学校のようす、生徒のようすを見学する

POINT
公開日にあわせて入学相談会を実施している場合もある。現場の教師に話を聞くよいチャンス

POINT
体験授業などを実施している場合は、積極的に参加するとよい

雰囲気を直接感じる

間接的な情報だけでは伝わらない学校の雰囲気を味わうことができる。
「あいそう／あいそうにない」という判断に役立つ

「選ぶ」ことを学んでおく

自立したひとりの人間として生きていくうえで、直面する問題や課題を自分で解決し、その結果についても自分で責任を負うこと、つまり自己決定できる力を身につけるのは大切なことです。

自己決定の力を育てるために、常日ごろから、子どもに選択の機会をあたえ、「自分で選ぶ」という体験を積ませていくように心がけましょう。

進学後も継続的に支援できるようにする

小学校から中学校へ、中学校から高校へ——進学するたびに子どもの特性を説明し、配慮をお願いするのは大変なことです。継続的な支援を受けるための引き継ぎが必要です。

子どもを焦らせない

なにかとつまずきが多い子どもに、親は「もう高校生になるのだから、しっかりして」「早く自立してもらわないと」という言葉を口にしがちです。

しかし、中学生・高校生になったからといって、急に自立できるわけではありません。まだまだ、適切な支援を必要としている場合が多いのです。

進学後、環境が大きく変わり、それまでのような支援が受けられずに困っているかもしれません。いたずらに子どもを焦らせるのではなく、進学先に情報を提供するなど、引き続き支援が受けられる方法を考えていきましょう。

支援の切れ目をなくす

進学して学校が変わっても、切れ目なく支援が受けられるようにする必要があります。

情報の引き継ぎがない

進学してから、それぞれのニーズを把握して対応を考えるため、適切な支援を受けられない期間ができてしまう

▼

情報を引き継ぐ

異なる教育機関などのあいだで、子どもに関する情報が引き継がれれば、所属が変わっても継続的に支援できる

進学後は環境が変わりとまどいも大きくなる。経験のない売店の使い方に困惑することも

就学支援シートを活用する

専門機関や教育機関のあいだで、子どもについての情報を引き継ぐ際に有用なのが、「就学支援シート」です。進学が決まったら用意しておくとよいでしょう。

だれが記入するのか

保護者、学校、専門機関など、これまで子どもの支援・相談にかかわってきた人が、それぞれの立場からみた本人のようすを記入する

	成長に関すること	これまでの支援内容	配慮してほしいこと
中学校から	授業中に落ち着いて話を聞けるようになった。ときどき集中力が切れて、指示を聞いていないことがある。	指示をだすときは、先に名前を呼んであげると、注意を向けることができる。こまめに声かけをしてきた。	数学の問題は理解しているが、計算でケアレスミスが多い。授業内容に差し支えない程度で計算機を使用させるなどしてほしい。
保護者から	友だちとのトラブルはだいぶ少なくなりました。体育で体を動かすことは好きで、本人も楽しいようです。	家では、本人が集中しやすいよう、部屋の整理をさせるようにしています。余計なものはしまわせています。	宿題はきちんとやるのですが、問題を解くのに時間がかかります。宿題の量を配慮してもらえればと思います。

対応例

就学支援シート

それまでの成長のようすなどを書き込んだ書類。書式に特別な決まりはないが、自治体などで用意している場合もある

→進学先に提出する

進学先に本人の情報を知らせることで、進学後、スムーズに支援を受けられるようになる

知らせたいこと 1

成長に関すること

これまでの子どもの成長や発達のようすを詳しく記入する

知らせたいこと 2

これまでの支援内容

これまでの子どもの指導、支援の内容や方法、支援にあたっての工夫を知らせる

知らせたいこと 3

配慮してほしいこと

今後も教育的支援が必要と考えられる内容や、配慮してほしい事項について記入する

将来

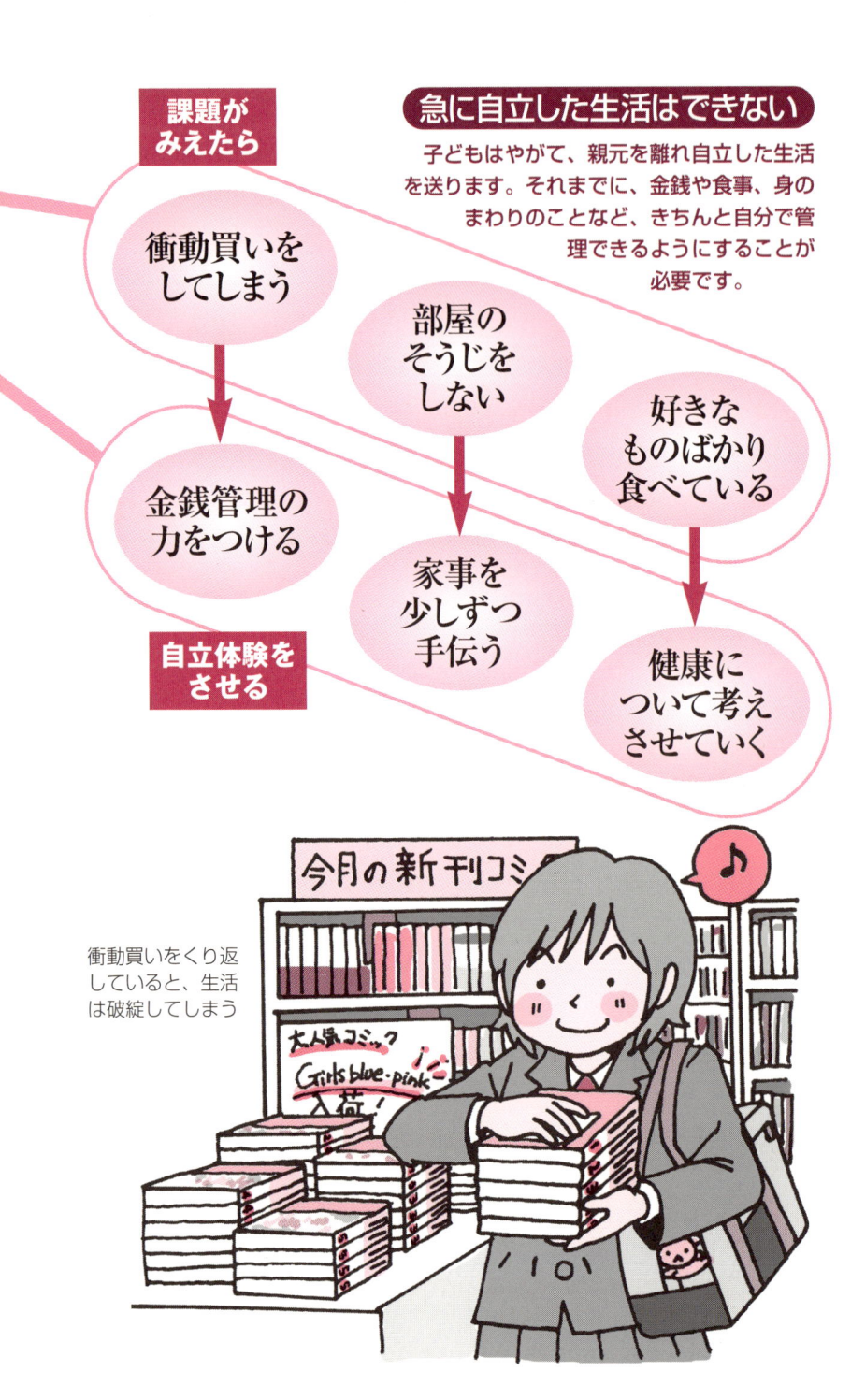

自立体験を重ね、生活術を学ぶ

大人になれば自然に自立した生活を送れる、というわけではありません。将来をみすえて、親元にいるうちから少しずつ、生活術を身につけさせましょう。

急に自立した生活はできない

子どもはやがて、親元を離れ自立した生活を送ります。それまでに、金銭や食事、身のまわりのことなど、きちんと自分で管理できるようにすることが必要です。

課題がみえたら	自立体験をさせる
衝動買いをしてしまう	金銭管理の力をつける
部屋のそうじをしない	家事を少しずつ手伝う
好きなものばかり食べている	健康について考えさせていく

衝動買いをくり返していると、生活は破綻してしまう

自分でやることが自立につながる

親が助けてばかりでは、結局なんでも人任せになってしまいます。時間はかかっても、自分でやらせる機会を増やすことが、のちのちの自立を促します。

できることから少しずつ学ぶ

家事の手伝いや、小遣いの管理など、ふだんの生活のなかでいろいろなことを体験するうちに、生活に必要な知識や習慣が、少しずつ身についてくる

金銭感覚が身につけば、衝動買いをおさえることができるようになる

対応例

ふだんから家事を任せる

そうじ、洗濯、炊事のやり方を教え、機会があるごとに自分でやらせてみる

対応例

計画的にお金を使わせる

使ってよい小遣いの上限を決め、その範囲で買いものの計画を立てたり、小遣い帳をつけさせたりする。通帳を渡して管理させていく

支援の最終目標は自立した生活

学力を伸ばしたい、よい学校に行かせたいなど、親は目の前の悩みでいっぱいになりがちです。

しかし、支援の最終的な目標は、子どもに自立した生活を送る力をつけさせることにほかなりません。

勉強さえできればよいというのではなく、生活のなかで必要になる知識や技術についても、根気よく教えていきましょう。

ひとり暮らしをするようになることも多い

将来、発達障害があっても、ひとりで生活する人はいます。

住宅事情などから親と同居を続ける場合も多くみられますが、親がいつまでも子どもの面倒をみられるとはかぎりません。家族と同居していても、ひとりで暮らせる力はつけておきたいものです。

こうした力はすぐに身につくものではありません。小・中学生のころからの、地道な積み重ねが大切です。

将来

社会で必要な対処法を身につける

学校を卒業したあとは、社会人として歩みだすことになります。仕事につき、働き続けるために、自分の特性をよく知り、社会に適応する力を養いましょう。

社会で求められること

社会に出て仕事をする場合、学生時代よりもさらに複雑な社会的スキルが要求されます。

25日 PM2:00
○×会社
下山さん打ち合わせ
27日 PM1:30
○×会社
黒田さんに変更

仕事では、急な日程変更など、予定外のできごとに直面する場面も多い

自分に向く仕事を考えるためには

求められるスキルは、職種によって大きく異なる。興味のある職種のアルバイトをしたり、職場実習を体験しておくとよい。自分の不得意な部分を知ることが、自分に向いた仕事を選びやすくする

社会人の一日を想像してみる

- 交通機関で会社に向かう
- 時間どおりに出社する
- ミスせずに書類などを作る
- 上司の指示に従って業務をこなす
- 予定の変更に対応する
- 同僚とも適度につきあう

対応例　社会のルールを守る

たとえいやなことでも、やらなければいけないことがあると教える。精神的耐性が弱く、やりたくないことから逃げる傾向がある。学校でのルールを守ることから、社会のルールも守ることを学ばせる

子どものころからの積み重ねが大事

子どものころから継続的な支援を受け、自分の特性と課題への対処法を学んでいくことが、将来につながります。

対応例　労働を楽しめる準備をする

仕事に対していやな感情を持たせないようにする。普段から家事の手伝いをすることで、仕事を楽しめるようにしていく

困ったとき、周囲の人に助けを求める方法を学ぶことも、対処法のひとつ

対応例　基本的生活習慣を身につける

ひとりで生活するスキルが不足しているため、親や周囲の人に頼ってしまう面がある。片づけや清掃、身のまわりのこと、買いもの、時間の管理などを自分でできるようにする

いまから将来の仕事を考えておく

学校を卒業したあとは、社会に出て働くことになります。発達障害があっても、仕事をしていくことは十分に可能です。

仕事をするようになれば、さまざまなスキルが求められるようになります。就労に向けての準備は、早めにスタートさせましょう。本人が自分の特性を理解し、得意な分野の職種を選ぶことができれば、その力を発揮しやすくなります。

発達障害があることを伝えるべきか

一般枠で採用され、障害の存在を明らかにしない人も多くいます。仕事に支障がないかぎり、あえて伝える必要はないでしょう。

しかし、特性にからんだ問題が生じた場合は、職場での適切な支援が必要になります。その際は、障害の存在をオープンにし、周囲に理解を深めてもらうほうが、環境調整を進めやすくなります。

COLUMN

就労のためのサポートも広がっている

企業で働き活躍している

　企業で働き、活躍している人はたくさんいます。働くことは、経済的な自立につながるだけではありません。生きがいにもなり、ひとりで生きることへの自信を深めます。

　就労の相談は、上級学校の進路指導の担当教師や就職課のほか、発達障害者支援センターなどでも受けつけています。積極的に活用していきましょう。

ジョブコーチの利用を考える

　障害者が職場へ適応できるように、サポートするしくみも整ってきています。ジョブコーチの制度はそのひとつです。

ジョブコーチは、いっしょに仕事をしながら、仕事のしかたを教えてくれる

ジョブコーチとは、特性に応じた支援や、職場内の環境調整をおこなう役割を持つ人のこと。地域障害者職業センターなどを通じて一定期間、職場に派遣され、職場に適応することを助けてくれます。

■監修者プロフィール

月森 久江（つきもり・ひさえ）

杉並区立済美教育センター指導教授。高機能広汎性発達障害、AD/HD、LDなどの発達障害がある中学生のための指導をおこなう。現在、早稲田大学大学院教職研究科非常勤講師も兼任。日本LD学会会員、日本学校教育相談学会会員、日本LD学会認定の特別支援教育士スーパーバイザーとしても活躍。第40回博報賞特別支援教育部門個人賞と、文部科学大臣奨励賞を受賞。

監修書に『AD/HD、LDがある子どもを育てる本』（講談社）、編書に『教室でできる特別支援教育のアイデア　小学校編Part2』（図書文化）、分担執筆書に『学校で活かせるアセスメント』（明治図書）、『ADHD・LD・高機能PDDのみかたと対応』（医学書院）など多数。

●編集協力
オフィス201
柳井亜紀

●カバーデザイン
松本桂

●カバーイラスト
長谷川貴子

●本文デザイン
勝木雄二

●本文イラスト
秋田綾子
千田和幸

健康ライブラリー　イラスト版

発達障害《はつたつしようがい》がある子《こ》どもを育《そだ》てる本《ほん》　中学生編《ちゆうがくせいへん》

2009年12月10日　第1刷発行
2013年11月８日　第4刷発行

監　修　月森久江（つきもり・ひさえ）
発行者　鈴木 哲
発行所　株式会社講談社
東京都文京区音羽二丁目12-21
郵便番号　112-8001
電話番号　出版部　03-5395-3560
販売部　03-5395-3622
業務部　03-5395-3615

印刷所　凸版印刷株式会社
製本所　株式会社若林製本工場

N.D.C 493　98p　21cm

ISBN978-4-06-259441-7

■参考文献

『シリーズ　教室で行う特別支援教育4　教室でできる特別支援教育のアイデア　中学校編』月森久江編（図書文化社）

『家族・支援者のための発達障害サポートマニュアル』古荘純一著（河出書房新社）

『怠けてなんかいない！　ディスレクシア～読む・書く・記憶するのが困難なLDの子どもたち』品川裕香著（岩崎書店）

『発達障害と家族支援　家族にとっての障害とはなにか』中田洋二郎編著（学習研究社）

『発達障害と思春期・青年期　生きにくさへの理解と支援』橋本和明編著（明石書店）